Kirstin Jebautzke

Sagen, Mythen und Legenden

Individuelle Leseförderung mit dreifach differenzierten Texten und motivierenden Arbeitsblättern

PERSEN

Die Autorin

Kirstin Jebautzke ist erfahrene Grundschullehrerin aus Schleswig-Holstein und Autorin zahlreicher Lehr- und Lernmaterialien für die Primarstufe.

Gedruckt auf umweltbewusst gefertigtem, chlorfrei gebleichtem und alterungsbeständigem Papier.

1. Auflage 2019

Grafik: Hauptillustratorin: Elisabeth Lottermoser
Weitere Grafiken von: Julia Flasche (Piktogramme), Oliver Wetterauer (Weltkarte, Seite 45), Satzpunkt Ursula Ewert GmbH (Ausmalbilder, Seite 28 und 52, Hufeisen, Seite 25)
Satz: Satzpunkt Ursula Ewert GmbH, Bayreuth

ISBN: 978-3-403-20531-9

www.persen.de

Inhaltsverzeichnis

Digitales Zusatzmaterial

- Lösungen
- Texte aller Sagen, Mythen und Legenden als veränderbare Worddateien in A-, B- und C-Versionen getrennt differenziert

Vorwort

Zentrale Merkmale beim Erwerb der Lesekompetenz sind laut den Bildungsstandards das Leseinteresse, die Lesebereitschaft und die Lesefertigkeit. Um eine Grundlage für ihr weiteres selbstbestimmtes Lernen zu erhalten, beschäftigen sich die Kinder in der Grundschule mit Formen des genießenden, informierenden, selektiven, interpretierenden und kritischen Lesens (vgl. Bildungsstandards im Fach Deutsch für den Primarbereich, Beschluss vom 15.10.2004, S. 9). Dabei umfasst der Kompetenzbereich Lesen den Umgang mit Texten und Medien.

Homogene Klassen gibt es nicht und so stellt sich auch im Kompetenzbereich Lesen die Aufgabe, mit unterschiedlichen Lernvoraussetzungen und Lesefertigkeiten umzugehen. Dementsprechend werden die Leseangebote im vorliegenden Buch in dreifacher Differenzierung angeboten, damit alle Schüler* die Möglichkeit haben, entsprechend ihrer Fähigkeiten an der Bearbeitung der Aufgaben teilzunehmen. Auf der ersten Seite finden Sie eine insgesamt leichter formulierte Fassung. Hier lesen nur die etwas besseren Leser den gesamten Text, leseschwächere Kinder überspringen die grauen Textpassagen. Auf der zweiten Seite erhalten die starken Leser ein anspruchsvolleres Leseangebot.

Durch das Lesen von Sagen und Legenden erweitern die Schüler ihre Lesekompetenz, erfahren aber auch, dass „das Lesen eine Auseinandersetzung mit der Welt ermöglicht und Vergnügen bereiten kann“ (ebd., S. 9).

Im Laufe ihrer Grundschulzeit sollen die Kinder verschiedene literarische Texte kennenlernen – hier bieten die angebotenen Sagen und Legenden eine sinnvolle Ergänzung. Die Schüler lernen die Besonderheiten dieser Gattungen kennen und erfahren, dass diese alten Texte gute Möglichkeiten bieten, sich mit wichtigen, die Kinder bewegenden Fragen auseinanderzusetzen bzw. auch etwas über vergangene Zeiten zu lernen. In beiden Gattungen werden die Erfahrungen, das Wissen, aber auch die Ängste und Sorgen der Menschen in der damaligen Zeit zum Ausdruck gebracht – angereichert mit viel Fantasie und freien Erfindungen. Die Kernaussage der Texte sollte oftmals als Beispiel für ein gewünschtes Verhalten verstanden werden, aber auch als Mahnung. Während die Sage aus der erzählenden Tradition stammt, hat die Legende eine enge Beziehung zur literarischen Tradition. Dies wird jeweils in der Bezeichnung der Gattung deutlich.

Letztlich besteht der wesentliche Unterschied zwischen den beiden Textsorten nur darin, dass in Legenden überwiegend von religiös-sittlichen Personen erzählt wird.

Wichtig bei der Beschäftigung mit Literatur und den damit verbundenen Fragestellungen ist auch immer der Austausch mit anderen. Deshalb werden bei vielen Aufgaben Gespräche mit einem Partner angeregt, um das Lernen dadurch nachhaltig zu festigen.

Ich hoffe, dass Sie die Materialien gewinnbringend in Ihrem Unterricht einsetzen können, und wünsche Ihnen sowie Ihren Schülern viel Erfolg damit und viel Spaß bei Lektüre.

Kirstin Jebautzke

* Wir sprechen hier wegen der besseren Lesbarkeit von Schülern bzw. Lehrern in der verallgemeinernden Form. Selbstverständlich sind immer auch alle Schülerinnen und Lehrerinnen gemeint.

Praktische Tipps

Das Buch versteht sich nicht als Lehrgang und erhebt auch nicht den Anspruch, dass alle Seiten im Rahmen einer Unterrichtseinheit *Sagen und Legenden* zum Einsatz kommen. Vielmehr bietet es ein **differenziertes Leseangebot**, das die Lehrkraft – individuell angepasst an die Situation in der Klasse – einsetzen kann. Da sich der Unterschied zwischen Sagen und Legenden in erster Linie auf die Auswahl der Personen bezieht (in Legenden wird überwiegend von religiös-sittlichen Personen erzählt), wurde die Auswahl so vorgenommen, dass der Fokus auf den Sagen liegt. Hier unterscheidet man grob nach Volks-, Götter- und Heldensagen. Die Gliederung im Inhaltsverzeichnis dient dabei in erster Linie der Lehrkraft, sie ist nicht Lernziel für die Schüler.

Wichtig bei der Arbeit mit den Sagen und Legenden im vorliegenden Buch ist das **praktische und selbstständige Bearbeiten** der verschiedenen Texte. Jede Sage bzw. Legende wird **dreifach differenziert** als Lesetext angeboten. Dafür wurde einerseits eine Mengendifferenzierung vorgenommen, andererseits auch eine sprachliche. Der erste Text ist einfach formuliert und zweifach differenziert. Dabei richtet sich der Text in seiner Gesamtheit mit den grau eingefärbten Passagen an durchschnittlich gute Leser. Entsprechend könnten diese Textteile für schwächere Leser gestrichen werden. Für einen leichteren Umgang mit den beiden Textvarianten finden sie diese getrennt auf zwei Seiten im digitalen Zusatzmaterial.
Eine Ausnahme stellt die Heldensage um Lohengrin da, die aufgrund ihrer inhaltlichen Komplexität nur in einer Zweifachdifferenzierung vorliegt.

Der zweite Text ist sprachlich anspruchsvoller formuliert und länger. Es ist durchaus möglich, dass Kinder zunächst die kürzere Version lesen, um im Anschluss auch das Lesen des sprachlich anspruchsvolleren Texts zu versuchen. Im Allgemeinen werden Sagen und Legenden in der **4. Jahrgangsstufe** behandelt. Einzelne Texte können aber durchaus auch bereits in Klasse 3 zum Einsatz kommen.

Die **Kopiervorlagen** zu den verschiedenen Texten sind so angelegt, dass unabhängig vom Niveau des Lesetexts eine Bearbeitung der Aufgaben für alle Kinder möglich ist. Die Aufgabengestaltung ist **handlungsorientiert und abwechslungsreich**.
Dabei orientieren sich die Aufgabenstellungen an den Kompetenzbeschreibungen in den aktuellen Lehrplänen der verschiedenen Bundesländer. Auf einigen Arbeitsblättern finden sich zudem **differenzierte Aufgabenstellungen**. Hier sind komplexere Aufgabenformate mit einem ★ gekennzeichnet. Ob diese differenzierend oder ergänzend eingesetzt werden, entscheiden Sie als Lehrkraft je nach Unterrichtssituation. Durch die bewusst offen formulierten Aufgabenstellungen bestehen beide Möglichkeiten.

Grundsätzlich ist es bei jeder Sage möglich, den Text nach den formalen Vorgaben zu untersuchen. Dies wird exemplarisch bei der ersten Sage „Die Zwerge vom Goldberg“ durchgeführt. Um das Angebot an Übungen aber möglichst vielfältig zu gestalten und viele Ideen anzubieten, finden Sie eine Ausarbeitung dieser Art nicht bei jeder Sage.

Die **Lösungen** bieten eine schnelle Kontrollmöglichkeit und liegen im digitalen Zusatzmaterial vor.
In der Praxis hat es sich als hilfreich erwiesen, die Arbeitsblätter für die Schüler mit der Lösung zu versehen, wenn sie im Rahmen der Freiarbeit oder des Wochenplans eingesetzt werden, damit die Kinder die Möglichkeit zur Selbstkontrolle auf einen Blick haben.

Die Zwerge vom Goldberg

In der Nähe von Hagen liegt der Goldberg.
Früher lebten Zwerge in einer Höhle unter dem Berg.
Sie halfen den Schmieden von Hagen heimlich bei der Arbeit.
Die besten Schwerter und Messer stellten sie her
und die Schmiede freuten sich sehr darüber.
Niemand konnte so gut schmieden wie die heimlichen Helfer.

Aber die Schmiede von Hagen waren gierig.
Es reichte ihnen nicht, dass sie die Schwerter und Messer der Zwerge
zu viel höheren Preisen verkaufen konnten als ihre eigenen Schmiedearbeiten.
Die Schmiede wussten, dass die Zwerge in ihrer Höhle
einen riesigen Goldschatz hüteten.
Sie wollten auch den Goldschatz der Zwerge haben.

Eines Nachts warteten die Schmiede auf ihre heimlichen Helfer.
Sie sahen zu, wie die Zwerge stundenlang fleißig Schwerter und Messer schmiedeten.
Als dann der Morgen graute, wollten die Zwerge die Schmiede verlassen.
Aber als der letzte Zwerg mit den ersten Sonnenstrahlen aus dem Raum ging,
hielten ihn die Schmiede fest.
Der Zwerg bat sie, ihn freizulassen.
Dafür sollten die Schmiede als Dank Gold aus der Höhle erhalten.
Es gab aber eine Bedingung.
Die Schmiede durften in der Höhle nicht sprechen und nicht streiten.

Die Schmiede freuten sich und gingen mit dem Zwerg zum Goldberg.
Was sie dort sahen, konnten sie kaum glauben.
Der Goldschatz in der Höhle war riesengroß.
Die Schmiede stürzten sich darauf.
Jeder wollte das größte Stück haben.
Alle schrien durcheinander und stritten um ihren Anteil.
Da ließ der Zwerg die Höhle einstürzen.
Die Schmiede kehrten nie wieder.
Und Zwerge hat man seitdem auch niemals wieder in Hagen gesehen.

Die Zwerge vom Goldberg

In der Nähe von Hagen gibt es einen Berg, den die Menschen „Goldberg“ nennen. Man sagt, dass früher in einer Höhle unter dem Berg Zwerge gelebt haben sollen.
Am Fuße des Berges lag eine große Schmiede. Die Zwerge halfen den Schmieden heimlich bei der Arbeit. Sie fertigten die schönsten und besten Schwerter, Sensen und Messer an, die man sich vorstellen konnte. Und die Schmiede freuten sich sehr darüber. Alles, was die Zwerge herstellten, konnten sie zu sehr guten Preisen verkaufen.
Niemand konnte so gut schmieden wie die heimlichen Helfer.

Aber die Schmiede von Hagen waren gierig. Es reichte ihnen nicht, dass die Zwerge für sie schmiedeten. Es reichte ihnen auch nicht, dass sie die Schwerter und Messer der Zwerge zu viel höheren Preisen verkaufen konnten als ihre eigenen Schmiedearbeiten. Die Schmiede wussten nämlich, dass die Zwerge unten im Berg in ihrer Höhle einen riesigen Goldschatz hüteten. Und diesen Goldschatz wollten die Schmiede haben.

Eines Nachts lauerten die Schmiede deshalb den Zwergen auf. Die Zwerge schmiedeten auch in dieser Nacht fleißig wie immer die schönsten Schwerter und Messer. Als der Morgen graute, verließen sie die Schmiede. Gerade als der letzte Zwerg den Raum verlassen wollte, hielten die Schmiede ihn fest. Der Zwerg hatte Angst und bat sie, ihn freizulassen. Dafür wollte er sie in die Höhle führen und sie sollten als Dank Gold erhalten. Es gab allerdings eine Bedingung: Die Schmiede durften in der Höhle nicht sprechen und nicht streiten.

Die Schmiede freuten sich und gingen mit dem Zwerg in die Höhle. Was sie dort sahen, konnten sie kaum glauben. Der Goldschatz war riesig. Sie stürzten sich darauf und jeder wollte das größte Stück davon haben. Alle schrien durcheinander und stritten um ihren Anteil. Da ließ der Zwerg die Höhle einstürzen. Die Schmiede kehrten nie wieder zurück und Zwerge hat man seitdem auch niemals wieder in Hagen gesehen.

Die Zwerge vom Goldberg

Kreuze die richtige Antwort an.

1. Wo liegt der Goldberg?
   - ☐ in der Nähe von Hagen **H**
   - ☐ in der Nähe von Gold **Z**
   - ☐ in der Nähe von Bergen **L**

2. Wem halfen die Zwerge?
   - ☐ den Schneidern **W**
   - ☐ den Schustern **E**
   - ☐ den Schmieden **Ö**

3. Was stellten die Zwerge her?
   - ☐ Gabeln **S**
   - ☐ Messer **H**
   - ☐ Löffel **E**

4. Was wollten die Schmiede von den Zwergen haben?
   - ☐ mehr Schwerter **R**
   - ☐ höhere Preise **E**
   - ☐ den Goldschatz **L**

5. Was durften die Schmiede in der Höhle der Zwerge nicht machen?
   - ☐ essen und trinken **N**
   - ☐ sprechen und streiten **E**
   - ☐ rennen und toben **G**

Lösungswort: ___ ___ ___ ___ ___
1 2 3 4 5

Wie stellst du dir die Höhle der Zwerge vom Goldberg vor? Male.

Vergleiche dein Bild mit einem Partner.

Die Zwerge vom Goldberg

Lies die Erklärung für eine Sage.

Merkmale einer Sage
Sagen sind Erzählungen. Darin geht es meistens um Orte, Menschen oder besondere Ereignisse, die es wirklich gegeben hat. Im Gegensatz zum Märchen ist in einer Sage also nicht alles erfunden. Aber vieles wurde beim Weitererzählen der Sage im Laufe der Jahre ergänzt, neu erfunden oder mit der Fantasie vermischt. So kommen oft Geister, Zauberer, Hexen, Zwerge usw. in Sagen vor. Erst als man die Sagen aufgeschrieben hat, wurden sie nicht mehr so stark verändert.

Lies noch einmal die Sage „Die Zwerge vom Goldberg“.

Was stimmt wohl in dieser Sage?

___

___

Was könnte vielleicht in dieser Sage wahr sein?

___

___

Was ist auf jeden Fall in der Sage erfunden?

___

___

Welche Botschaft wollten die Erzähler dieser Sage wohl an die Zuhörer schicken?

___

___

Informiere dich im Internet oder in Büchern über die Sage „Die Heinzelmännchen von Köln“. Du kannst dir die Sage auch erzählen lassen.
Welche Gemeinsamkeiten findest du zwischen dieser Sage und der von den Zwergen vom Goldberg? Sprich mit einem Partner.
Überlegt gemeinsam, warum diese beiden Sagen erzählt wurden.

Der Rattenfänger von Hameln

Einmal herrschte in Hameln eine furchtbare Rattenplage.
Überall liefen Ratten herum. Alles knabberten sie an.
Die Bürger von Hameln waren verzweifelt.
Und von Tag zu Tag wurden es mehr Ratten.

Da kam eines Tages ein Mann in die Stadt.
Er sah anders aus als die Leute, die in Hameln lebten.
Seine Kleidung war sehr bunt. Wer war der Mann?
Jemand sagte, dass er ein Rattenfänger wäre.
Vielleicht konnte er die Stadt retten?
Aber der Preis, den der Mann für seine Dienste haben wollte, war sehr hoch.
Die Bürger von Hameln sagten trotzdem: „Ja."
Hauptsache, die Ratten verschwanden.

Am nächsten Tag ging der fremde Mann durch jede Straße in der Stadt.
Er ging ganz langsam. Dabei spielte er eine kleine Flöte.
Und siehe da! Aus allen Häusern kamen die Ratten angelaufen.
Sie liefen dem Mann mit seiner Flöte hinterher.
Sie folgten ihm alle, auch als er mit ihnen aus der Stadt hinauslief
und hinunter zum Fluss. Sie folgten ihm sogar in den Fluss.
Dort ertranken sie. Hameln war von den Ratten befreit.

Als der Mann aber zurück in die Stadt kam, wollten ihm die Bürger von Hameln
das Geld, das sie ihm versprochen hatten, doch nicht geben.
Er hatte doch nur seine Flöte gespielt.
Sollte er dafür wirklich so viel Geld bekommen?
Wütend lief der Mann davon.

Ein paar Tage später aber kam er zurück. Er sah nun wie ein Jäger aus.
Deshalb erkannte ihn zuerst niemand. Es war Sonntag und alle Bürger
von Hameln waren in der Kirche. Der Mann holte seine kleine Flöte hervor
und spielte. Dieses Mal folgten dem Mann alle Kinder der Stadt.
Sie liefen ihm und seiner Flötenmelodie hinterher und wurden nie wieder gesehen.

Der Rattenfänger von Hameln

Einmal herrschte in Hameln eine furchtbare Rattenplage. Mäuse und Ratten hatte es immer schon in der Stadt gegeben, aber in diesem Jahr war es besonders schlimm. Überall liefen Ratten herum. Es gab nichts, was nicht von ihnen angeknabbert wurde. Die Bürger von Hameln hatten schon alles versucht, aber sie konnten die Ratten nicht loswerden. Von Tag zu Tag wurden es mehr.

Da kam eines Tages ein Mann in die Stadt. Er war sehr auffällig gekleidet. Sein Gewand war sehr bunt und alle drehte sich nach ihm um. Als bekannt wurde, dass er ein Rattenfänger war, wurden die Menschen noch neugieriger. Wer war der Mann? Vielleicht konnte er Hameln von den Ratten befreien? Schließlich sprach man mit ihm. Aber der Preis, den der Mann für die Befreiung von den Ratten verlangte, war sehr hoch. Die Bürger von Hameln zögerten. Da sie aber keine andere Lösung für ihr Problem hatten, stimmten sie am Ende doch dem Preis zu. Hauptsache, die Ratten verschwanden.

Am nächsten Tag machte sich der fremde Mann ans Werk. Langsam ging er durch jede Straße in der Stadt, ohne Eile und ganz ruhig. Dabei spielte er eine kleine Flöte. Es war eine einfache Melodie. Und siehe da! Aus allen Häusern kamen die Ratten herbei und liefen dem Mann mit seiner Flöte hinterher. Dieser spielte und spielte. Nachdem er durch alle Straßen und Gassen Hamelns gelaufen war, ging er schließlich hinaus aus der Stadt und hinab zum Fluss Weser, der durch Hameln fließt. Und die Ratten folgten ihm und seiner Flöte. Am Fluss zog der Mann seine bunten Kleider aus und stieg in den Fluss. Auch hierhin folgten ihm die Ratten – und ertranken.

Daraufhin zog der Mann seine Kleidung wieder an und ging zurück in die Stadt. Aber die Bürger von Hameln waren geizig. Hatte der Mann nicht einfach nur seine Flöte gespielt? Sollte er dafür wirklich so viel Geld bekommen? Als der Mann erkannte, dass man ihm seinen Lohn nicht geben wollte, lief er wütend davon.

Ein paar Tage später kehrte er wieder. Dieses Mal war er aber wie ein Jäger gekleidet, sodass die Bürger von Hameln ihn nicht erkannten. Er holte seine kleine Flöte wieder hervor und begann zu spielen. Die einfache, kleine Melodie lockte nun aber keine Ratten an. Dieses Mal folgten dem Mann die Kinder der Stadt. Alle Kinder, die laufen konnten, folgten dem Mann und seiner Flöte. Und da die Erwachsenen alle in der Kirche waren, bemerkte zunächst niemand, dass alle Kinder aus der Stadt verschwanden. Sie wurden nie wieder gesehen. Nur ein Junge und ein Mädchen blieben zurück. Sie waren zu spät gekommen. Aber der Junge war blind und konnte niemandem den Weg zeigen. Und das Mädchen war taubstaumm und konnte niemandem vom Weg erzählen.

Der Rattenfänger von Hameln

Schneide die Bilder aus. Bringe sie in die richtige Reihenfolge.

Wie heißt der Lösungssatz?

PR

AL

HE

N

VE

TE

RS

EC

NH

Warum haben die Bürger von Hameln ihr Versprechen nicht gehalten? Begründe deine Meinung. Hast du so etwas Ähnliches auch schon einmal erlebt?

Der Rattenfänger von Hameln

Sieh dir den Stadtplan an.

Male das Rattenfängerhaus rot an.
Male das Hochzeitshaus am Markt blau an.
Male die Marktkirche St. Nicolai grün an.
Male den Rattenkrug in der Bäckerstraße gelb an.

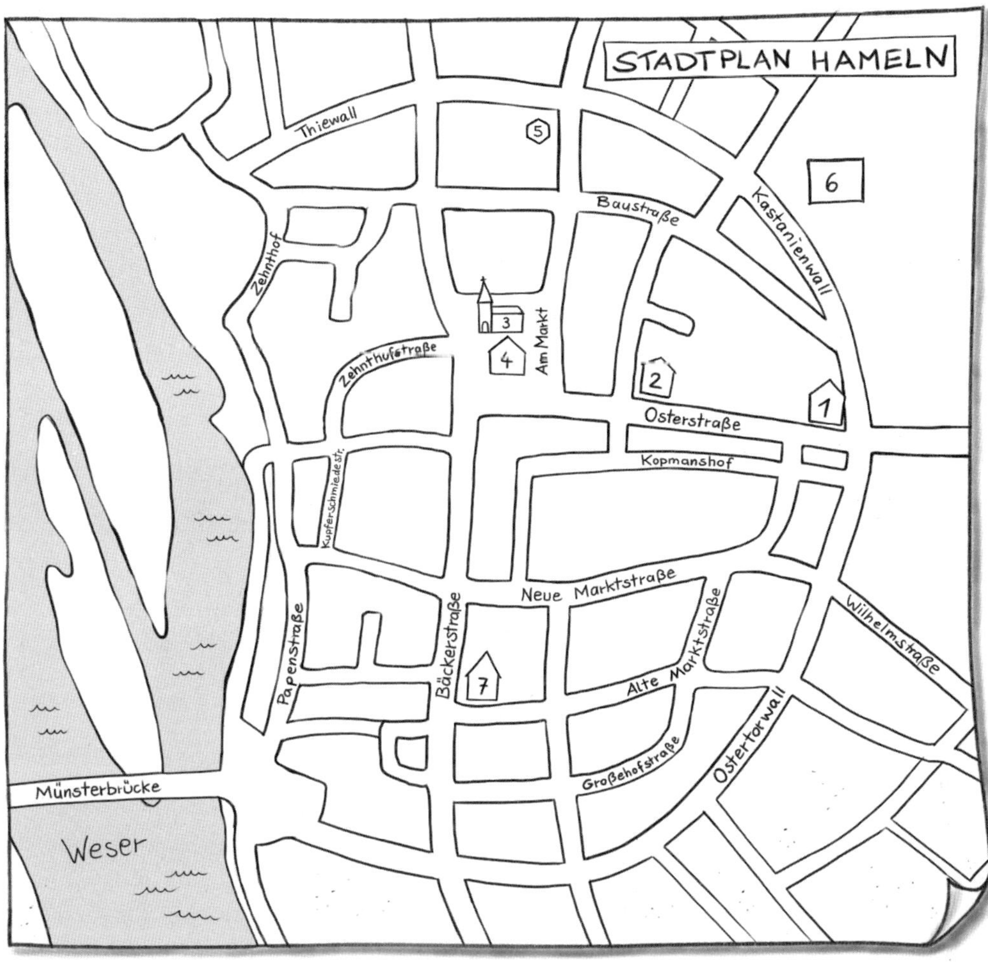

(1) Rattenfängerhaus
(2) Museum
(3) Marktkirche St. Nicolai
(4) Hochzeitshaus
(5) Pulverturm
(6) Gericht
(7) Rattenkrug

Verfolge den Weg des Rattenfängers durch die Stadt.
Zeichne den Weg durch die Stadt.

Der Rattenfänger startete beim Rattenfängerhaus in der Osterstraße.
Er lief dann zum Kopmanshof. Diese Straße ging er entlang,
bis er zur Neuen Markstraße kam. Auf der Neuen Markstraße
wanderte er bis zur Alten Marktstraße. Dieser folgte er,
bis er zur Bäckerstraße kam. Die Bäckerstraße lief er entlang,
bis er zur Zehnthofstraße kam.
Auf der Zehnthofstraße ging er Richtung Fluss.

Wähle einen anderen Weg aus, den der Rattenfänger durch Hameln gegangen sein könnte. Beschreibe den Weg einem Partner.

Der Teufelsstein

In der Nähe von Fischbach in Österreich erzählt man sich diese Sage:

Luzifer war einmal ein Engel. Er wollte aber wie Gott sein
und wurde deshalb in die Hölle verbannt.
Eines Tages wollte Luzifer gern zurück in den Himmel.
Gott war einverstanden, stellte ihm aber eine Bedingung.
In der Weihnachtsnacht sollte Luzifer während des Gottesdienstes
einen Turm bauen, der von der Erde bis in den Himmel reicht.

Luzifer fand diese Aufgabe sehr einfach. Er sagte schnell: „Ja."
Sofort baute er sich ein Tragegestell aus Holz und wartete auf den Weihnachtsabend.
Als die Kirchenglocke in der Weihnachtsnacht das erste Mal läutete,
lud Luzifer schnell drei Steine auf sein Tragegestell.
In der Nähe von Fischbach war ein Berg.
Hier stapelte er die Steine auf. Der Turm war seiner Meinung nach schon fast fertig.
Schnell wollte er noch drei Steine holen. Aber er war zu wild
und die Steine waren zu groß und zu schwer. Das Tragegestell zerbrach.
Da läutete die Glocke zum zweiten Mal. Die Zeit war um.
Luzifer musste in die Hölle zurückkehren.
Die drei aufgestapelten Steine aber blieben als „Teufelsstein" auf dem Berg zurück.

In der Nähe von Limburg in Deutschland erzählt man sich diese Sage:

In der Nähe von Limburg wollten die Menschen ein Kloster bauen.
Es sollte möglichst schnell gehen. Deshalb baten sie den Teufel um Hilfe.
Er war stark und konnte viel tragen.
Sie sagten ihm, dass sie ein Wirtshaus bauen wollten.
In einem Wirtshaus würde der Teufel
viele Seelen finden, denn dort wurde viel getrunken und viel gespielt.
Der Teufel hoffte darauf, dass er ein paar Menschen überreden konnte,
etwas Schlechtes zu tun. Also half er ihnen beim Bau.

Endlich war das Kloster fertig. Die Menschen freuten sich.
Auch der Teufel war zufrieden. Aber dann hörte er die Glocken.
Er hatte kein gewöhnliches Wirtshaus gebaut, sondern ein Kloster!
Er erkannte, dass die Menschen ihn hereingelegt hatten.
Voller Wut wollte er den Stein, auf dem er saß, auf das neue Bauwerk werfen.
Aber Gott schützte die Menschen im Kloster.
Gerade als der Teufel den Stein werfen wollte, wurde dieser weich wie Butter.
Der Teufel musste ihn absetzen. Dadurch verlor der Teufel das Gleichgewicht
und fiel auf den Stein.

Noch heute ist der Abdruck seines Pos, seines Schwanzes und seiner Füße
auf dem Stein zu sehen. Sie geben dem Teufelsstein seinen Namen.

Der Teufelsstein

In der Nähe von Fischbach in Österreich erzählt man sich diese Sage:

Luzifer war einmal ein Engel.
Da er die Macht Gottes nicht akzeptieren wollte,
musste er den Himmel verlassen und wurde als Teufel
in die Hölle verbannt.
Aber Luzifer wollte doch gern zurück in den Himmel.
Gott war bereit, ihn wieder in seinem Reich aufzunehmen.
Allerdings stellte er eine Bedingung.
Luzifer sollte in der Weihnachtsnacht einen Turm
von der Erde bis in den Himmel bauen.
Und zwar in der Zeit, die beim Abendmahl zwischen dem Brechen des Brotes
und dem Hochheben des Weinglases liegt.
Luzifer fand diese Aufgabe sehr einfach und stimmte zu.
Er baute sich ein Tragegestell aus Holz und wartete auf den Weihnachtsabend.
Als in der Weihnachtsnacht die Glocke zu Beginn des Abendmahls läutete,
lud Luzifer drei Steine auf sein Tragegestell und
stapelte sie in der Nähe von Fischbach auf einem Berg auf.
Schnell wollte er drei weitere Steine holen, aber weil er zu wild war,
zerbrach er beim Beladen sein Tragegestell. Und bevor er den Schaden reparieren konnte,
läutete die Glocke zum Ende des Abendmahls. Die Zeit war um.
So blieb ihm nichts anderes übrig, als in die Hölle zurückzukehren.
Die aufgestapelten Steine aber blieben als „Teufelstein“ auf dem Berg zurück.

In der Nähe von Limburg in Deutschland erzählt man sich diese Sage:

Als das Kloster Limburg erbaut werden sollte, dachten sich die Menschen
eine List aus. Um das Kloster möglichst schnell bauen zu können,
überzeugten sie den Teufel, ihnen beim Bauen zu helfen. Denn natürlich konnte
ein Teufel viel mehr Steine tragen als ein Mensch. Und weil ein Teufel
natürlich nicht beim Bau eines Klosters mithelfen würde, erzählten
die listigen Menschen dem Teufel, dass sie ein Wirtshaus bauen wollten.
Dort würden dann viele Menschen durch Trinken und Wettspiele ihre Seele verlieren.
Das gefiel dem Teufel und er half beim Bau.
Als aber das Kloster bei feierlichem Glockenklang geweiht wurde,
bemerkte der Teufel, dass er getäuscht worden war. Er saß zu diesem Zeitpunkt auf einem
Berg gegenüber des Klosters. Wütend wollte er einen riesigen Stein auf das Kloster
schleudern. Aber Gott schützte die Menschen im Kloster.
Der Stein, den der Teufel werfen wollte, wurde plötzlich weich wie Butter.
Und als der Teufel den Stein deshalb absetzen und sich darauf abstützen musste,
hinterließen sein Po, sein Schwanz und seine Füße Spuren.
Sie sind noch heute zu sehen und geben dem Teufelsstein seinen Namen.

Der Teufelsstein

Lies die beiden Sagen vom Teufelsstein. Welches Bild passt zu welcher Sage?

Begründe deine Meinung.

Kreuze an, zu welcher Sage der Satz passt.

	Teufelsstein bei Fischbach	Teufelsstein bei Bad Dürkheim
Die Menschen täuschten den Teufel mit einer List.		
Der Teufel dachte, dass er am Ende einen Vorteil haben würde.		
Gott hoffte, dass die Zeit für den Teufel zu kurz sein würde.		
Die Menschen wussten nichts von dem Bau.		
Der Teufel war wütend und wollte mit dem Stein etwas zerstören.		
Gott sorgte am Ende dafür, dass die Geschichte für die Menschen gut ausging.		

★ Erkläre, warum es in verschiedenen Regionen „Teufelssteine“ gibt.

Der Teufelsstein

**Hier siehst du noch andere Bilder von „Teufelssteinen“.
Wähle ein Bild aus und kreuze es an.
Schreibe eine passende Sage.**

☐

☐

☐

☐

Wie der Bosten-See zu seinem Namen kam

Der Bosten-See ist einer der größten Seen in China.
Er ist ungefähr so groß wie Berlin mit seinen
Vororten und liegt etwa 1.000 Meter hoch.
Hier liest du, wie der See zu seinem Namen kam.

In einer großen Steppe Chinas lebten vor
langer Zeit ein Junge und ein Mädchen,
Bosten und Gaya.
Bosten und Gaya liebten sich und wollten heiraten.
Aber auch der Regengeist hatte sich in Gaya verliebt.
Eines Tages entführte er das Mädchen.
Gaya wollte den Regengeist nicht heiraten.

Natürlich hat ein Regengeist ganz andere Kräfte als ein Mensch.
Trotzdem wollte Bosten Gaya finden und retten.
Bosten forderte den Regengeist zum Kampf heraus.
Es war ein langer, harter Kampf.
Am Ende siegte Bosten und er konnte Gaya mitnehmen.
Aber er war vom Kampf so erschöpft,
dass er ein paar Tage später starb.

Jetzt musste Gaya nicht beim Regengeist bleiben,
aber trotzdem hatte sie Bosten verloren.
Gaya begann zu weinen.
Niemand konnte sie trösten.
Sie weinte und weinte und langsam bildete sich ein See.
Je länger Gaya weinen musste, desto größer wurde der
See.

Diesen See nannten die Menschen Bosten-See.
Er erinnert an Bosten und die Liebe zwischen ihm und Gaya.

Wie der Bosten-See zu seinem Namen kam

Der Bosten-See ist einer der größten Binnenseen in China. Er ist ungefähr so groß wie Berlin mit seinen Vororten und liegt etwa 1.000 Meter hoch. Hier liest du, wie der See zu seinem Namen kam.

Vor langer, langer Zeit lebten einmal ein Junge und ein Mädchen. Der Junge hieß Bosten und das Mädchen hieß Gaya.
Ihr Leben war nicht einfach, denn sie lebten in einer großen Steppe mitten in den Bergen Chinas.
In einer Steppe zu wohnen bedeutete, dass es nur wenig Wasser gab.
Die Menschen und die Tiere hatten sehr wenig zu trinken.
Aber auch den Pflanzen fehlte das Wasser zum Wachsen.
So kam es, dass die Menschen immer wieder den Regengeist um Wasser baten.

Bosten und Gaya liebten sich. Aber auch der Regengeist hatte sich in Gaya verliebt. Eines Tages entführte er sie und wollte sie heiraten.
Gaya wehrte sich und überlegte sich immer neue Sachen, um den Regengeist nicht heiraten zu müssen.
Gleichzeitig versuchte sie, Bosten Nachrichten zu schicken, damit er sie finden könnte.

Es gelang Bosten, den Regengeist zu finden und damit auch Gaya.
Natürlich wollte der Regengeist Gaya nicht einfach gehen lassen.
Bosten musste gegen ihn kämpfen. Es war ein langer und harter Kampf.
Am Ende gelang es Bosten, den Regengeist zu besiegen.
Aber er war so erschöpft von dem Kampf, dass er starb.

Da begann Gaya zu weinen. Und ihre Trauer war so groß, dass es niemandem gelang, ihr Weinen zu beenden. Sie weinte und weinte. Und langsam verwandelte sich die Steppe zu einem See.

Zu Ehren von Bosten und der Liebe zwischen Bosten und Gaya nannten die Menschen den See Bosten-See.

Wie der Bosten-See zu seinem Namen kam

Welche Aussagen stimmen? Kreuze an.

	richtig	falsch	steht nicht im Text
Der Bosten-See liegt in einer Steppe.			
Der See wurde nach einem Mädchen benannt.			
Der Regengeist gab Gaya viele Geschenke.			
Gaya wollte den Regengeist gerne heiraten.			
Bosten forderte den Regengeist zum Kampf heraus.			
Bosten starb im Kampf gegen den Regengeist.			
Gaya ließ einen See anlegen, um an Bosten zu erinnern.			
Der Regengeist ließ es so lange regnen, bis sich ein See bildete und Bosten darin ertrank.			
Der Bosten-See bildete sich der Sage nach aus Gayas Tränen um Bosten.			

Lies den Sachtext über den Bosten-See.
Was ist der wahre Kern der Sage?

Der Bosten-See liegt in China auf einer Hochebene im Gebirge, dem sogenannten Yanqui-Becken. Im Norden liegen Gebirgsketten, die bis zu 4.000 Meter hoch sind. Im Süden liegen Gebirgszüge mit einer Höhe von bis zu 2.500 Metern.
Die Form des Bosten-Sees erinnert aus der Luft an ein Auge oder an eine Schüssel, die auf dem Kopf steht. Der See ist nicht sehr tief (ungefähr 16 Meter), aber sehr reich an Fischen.
Man geht davon aus, dass der See etwa 8.000 Jahre alt ist. Ursprünglich war an seiner Stelle ein Sumpfgebiet, dass sich im Laufe der Jahre in einen See verwandelte.

Wie der Bosten-See zu seinem Namen kam

Lies die Beschreibung einer Erklärungssage.

> <u>Die Erklärungssage</u>
> Die Sage vom Bosten-See gehört zu den sogenannten Erklärungssagen.
> Es geschah in der Vergangenheit sehr oft, dass sich Menschen eine Erzählung ausdachten, wenn sie etwas nicht verstanden oder sich nicht erklären konnten.
> Viele Sagen sind deshalb Erklärungssagen.

Lies noch einmal die Sage „Wie der Bosten-See zu seinem Namen kam“.

Was stimmt wohl in dieser Sage?

____

____

Was wollten sich die Menschen mit dieser Sage erklären?

____

____

Was ist auf jeden Fall in der Sage erfunden?

____

____

Stell dir vor, dass sich im Laufe der Jahre aus dem Sumpfgebiet kein See, sondern eine Wüste gebildet hätte.
Wie könnte eine Sage darüber aussehen?
Schreibe deine Ideen in einen Gedankenschwarm.

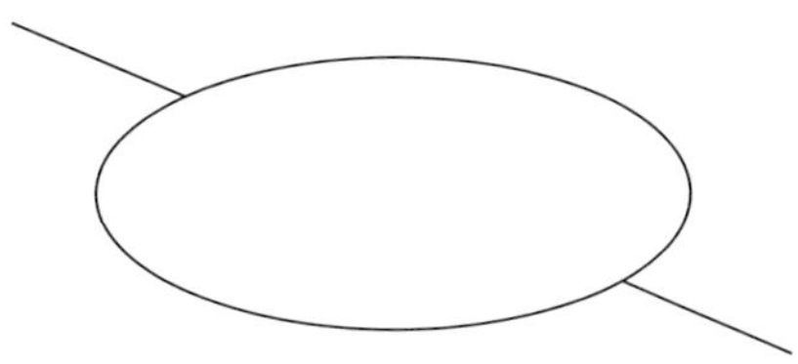

★ **Schreibe eine Sage zu deinem Gedankenschwarm.**

Die Sage von der Rosstrappe

In der Nähe von Thale im Harz lebte die schöne Königstochter Brunhilde.
Der junge Ritter Bodo hatte sich in Brunhilde verliebt.
Er wollte sie unbedingt heiraten.
Brunhilde aber wollte Bodo nicht heiraten.
Als sie hörte, dass Ritter Bodo kommen würde, ritt sie auf ihrem Pferd davon.
Ritter Bodo verfolgte sie.
Brunhilde ritt weiter und weiter.
Da tat sich eine große Schlucht vor ihr auf.
Wohin sollte sie jetzt reiten? Es gab nur eine Möglichkeit.
Sie musste mit ihrem Pferd über die Schlucht springen.
Deshalb feuerte sie ihr Pferd noch einmal an und betete. Und es gelang! Nur ihre goldene Krone fiel in die Tiefe.

Ritter Bodo sah seine geliebte Brunhilde auf der anderen Seite der Schlucht.
Auch er versuchte, mit seinem Pferd zu springen.
Aber es gelang ihm nicht und er stürzte in die Tiefe.
Er versank im Fluss, der dort rauschte.

Man sagt, dass er dort als schwarzer Hund Brunhildes Krone bewacht. Der Fluss bekam seinen Namen. Er heißt jetzt „Bode“.
Noch heute kann man den Hufabdruck von Brunhildes Pferd sehen,
der beim Aufprall auf dem Felsen entstanden war.

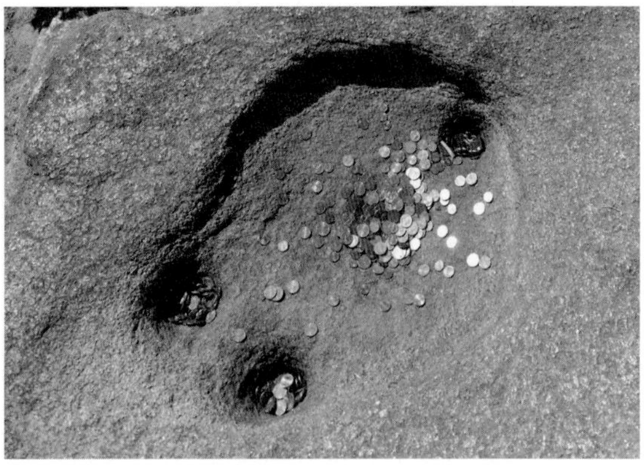

Die Sage von der Rosstrappe

In der Nähe von Thale im Harz lebte die schöne Königstochter Brunhilde. Sie war eine energische junge Frau und liebte das Reiten.
Der junge Ritter Bodo hatte sich in Brunhilde verliebt und wollte sie unbedingt heiraten. Brunhilde aber wollte Bodo nicht heiraten. Als Brunhilde hörte, dass Ritter Bodo kommen würde, um sie zu holen, ritt sie auf ihrem Pferd davon. Ritter Bodo nahm die Verfolgung auf und im wilden Galopp ging es durch die Wälder.
Da tat sich plötzlich vor Brunhilde eine große Schlucht auf.
In ihrer Not gab sie ihrem Pferd noch einmal die Sporen und betete zu Gott, dass er ihr bei dem Sprung beistehen möge.
Und es gelang! Nur ihre goldene Krone fiel in die Tiefe.
Als sie sich nach ihrem Verfolger umschaute, sah sie, wie dieser eben in der Tiefe verschwand.
Er versank im reißenden Fluss, der sich unten in der Schlucht befand.

Seitdem bewacht er dort als schwarzer Hund die Krone der Königstochter. Nach ihm wurde der Fluss „Bode" genannt.
Der Hufabdruck aber, den das Pferd der Königstochter bei seinem Aufprall auf dem Felsen hinterlassen hatte, ist noch heute zu sehen.

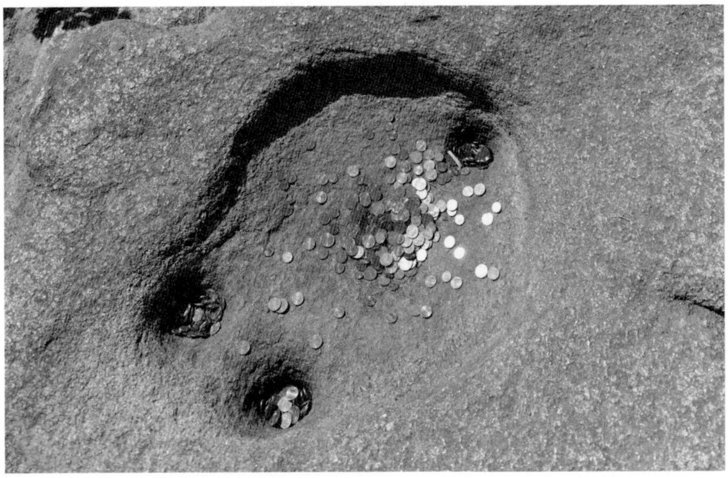

Die Sage von der Rosstrappe

Findest du die acht Wörter, die in der Sage von der Rosstrappe eine Rolle spielen? Kreise sie ein.

K	R	O	N	E	O	B	G	H	B
A	M	U	E	G	P	R	H	U	C
B	N	V	H	H	R	E	I	N	D
C	B	R	U	N	H	I	L	D	E
D	O	W	F	H	S	T	K	S	F
E	D	A	A	I	T	E	L	T	G
F	O	B	B	K	U	N	M	U	H
G	P	Z	D	L	V	C	N	V	I
H	H	A	R	Z	W	D	O	W	K
I	R	C	U	M	Z	E	P	Z	L
J	T	S	C	H	L	U	C	H	T
K	L	D	K	N	A	F	R	A	M

Beantworte die Fragen mithilfe der eingekreisten Wörter.

Wie heißen die beiden Hauptfiguren in der Geschichte?

In welchem Gebirge spielt die Sage?

Was kann Brunhilde besonders gut?

Worüber springt Brunhilde mit ihrem Pferd während der Verfolgungsjagd?

Was verliert Brunhilde, als sie über die Schlucht springt?

In welche Gestalt soll sich Bodo nach seinem Sturz verwandelt haben?

Was kann man heute noch von dem Sprung sehen?

Die Sage von der Rosstrappe

Erkennst du die Wörter, die sich in den Hufabdrücken verstecken? Schreibe sie auf.

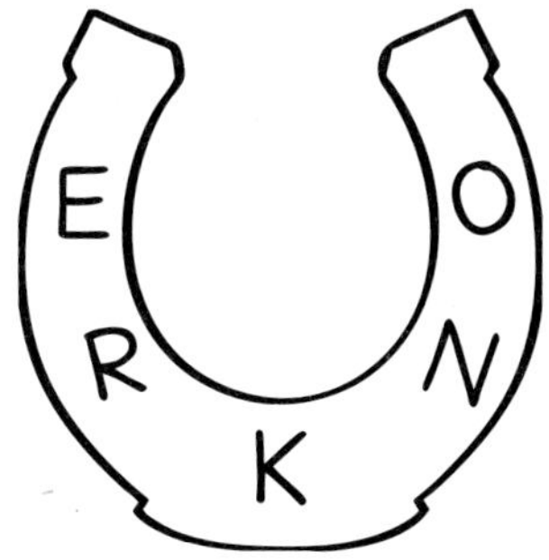

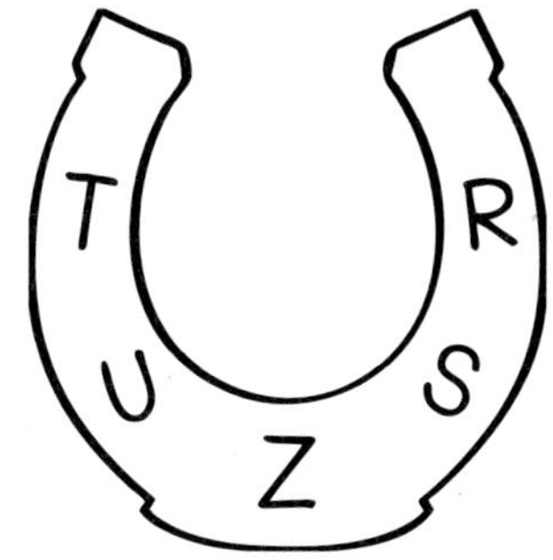

___________ ___________ ___________

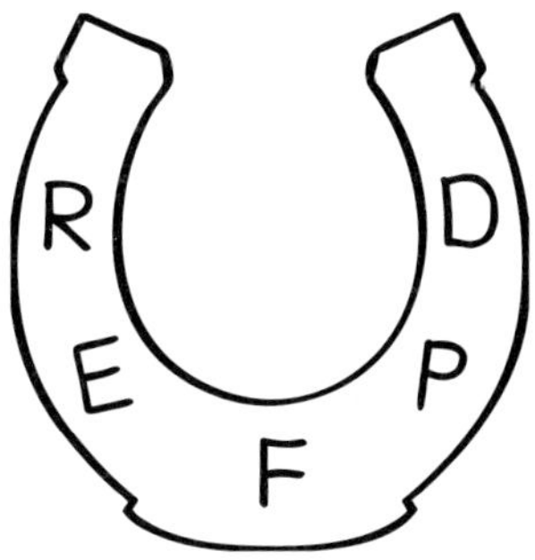

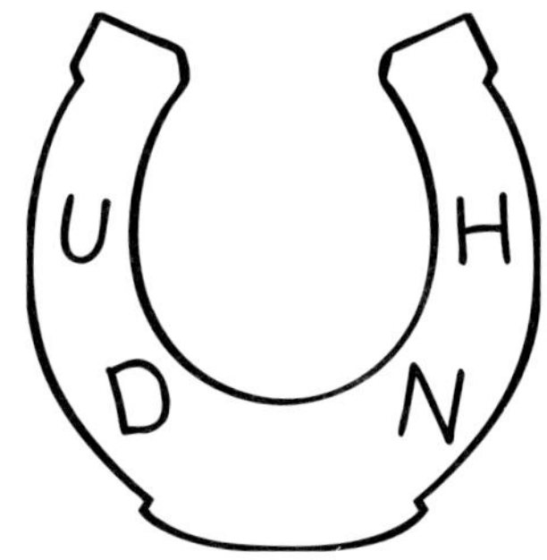

___________ ___________ ___________

Lies die Sätze und kreise ein. Wie heißt das Lösungswort?

	Das könnte stimmen.	**Das stimmt auf keinen Fall.**
Das Hobby der Königstochter Brunhilde war das Reiten.	PF	ST
Ritter Bodo wollte Brunhilde heiraten.	ER	EI
Brunhilde ist mit ihrem Pferd über die Schlucht gesprungen.	NE	DE
Ritter Bodo ist mit seinem Pferd in die Schlucht gestürzt.	SP	KL
Ritter Bodo hat sich in einen schwarzen Hund verwandelt und bewacht die Krone.	OPF	RU
Eine Markierung ist noch heute auf dem Felsen zu sehen.	NG	EN

Lösungswort: __ __ __ __ __ __ __ __ __ __ __ __

Sprich mit einem Partner. Warum wird die Sage von der Rosstrappe wohl erzählt? Begründe deine Meinung.

Der überlistete Teufel

In Soest lebte ein Schuster.
Er war sehr arm und seine Familie
litt Hunger.
Und obwohl er viel und gut arbeitete,
reichte das Geld nicht.

Einmal saß er wieder in seiner Werkstatt.
Er hatte bis tief in die Nacht gearbeitet.
Aber er wusste, dass es auch dieses Mal
nicht genug sein würde.
Er seufzte: „Geld muss her. Und wenn es
vom Teufel kommt!“

Kaum hatte er dies gesagt, stand der Teufel vor ihm.
Und er stellte einen Krug auf die Werkbank.
Der Krug war übervoll mit Goldmünzen. Sie kullerten bereits herunter.
Der Teufel lachte den Schuster freundlich an. Er sagte:
„Hier Schuster, für dich. Das Gold kannst du haben.
Aber in zehn Jahren musst du es mir zurückgeben.
Ich bin ein netter Mann. Deshalb reicht es mir,
wenn du mir den Krug gestrichen voll zurückgibst.
Wenn ich in zehn Jahren das Geld nicht zurückbekomme,
gehören du und deine Familie mir.“

Der Schuster überlegte. Dann hatte er eine Idee.
„Kann ich dir das Geld auch früher zurückgeben?“, fragte er den Teufel.
Der Teufel lachte: „Natürlich, Schuster.“
Da strich der Schuster mit seiner linken Hand über den Krug.
Die Münzen, die dabei herunterfielen, steckte er ein.
Den vollen Krug aber gab er dem Teufel zurück.
„Hier, Teufel“, sagte der Schuster, „hier ist dein Geld zurück.
Ich behalte nur, was du nicht haben willst.“

Da erkannte der Teufel, dass der Schuster klüger war als er
und verschwand. Der Schuster und seine Familie lebten von da an
ohne Geldsorgen und waren glücklich.

Der überlistete Teufel

In Soest lebte einmal ein Schuster mit seiner Familie. Sie waren sehr, sehr arm.
Jeden Tag fehlte es an Essen und meistens mussten alle hungrig ins Bett gehen.
Sie freuten sich, wenn es wenigstens Wassersuppe zu essen gab.
Dabei war der Schuster fleißig und arbeitete viel. Aber Krankheiten und viele kleine Unglücksfällte führten dazu, dass das Leben für sie nicht besser wurde.

Eines Abends saß der Schuster wieder einmal in seiner Werkstatt. Er wusste einfach nicht, wie er seine Familie versorgen sollte.
Er klagte: „Was soll ich nur tun? Wir werden noch alle verhungern.
Ich muss mehr Geld verdienen! Und wenn es vom Teufel kommt!"
Kaum hatte er den letzten Satz ausgesprochen, stand tatsächlich der Teufel vor ihm.
Er grüßte den Schuster freundlich. „Du hast von mir gesprochen, Schuster.
Nun, hier bin ich. Und ich will dir gern helfen.
Sieh her. Ich habe dir das Geld gleich mitgebracht."
Und tatsächlich stand plötzlich ein großer Krug mit Goldtalern auf der Werkbank.
Er war über den Rand gefüllt und einige Münzen waren bereits heruntergefallen.
Der Teufel lachte den Schuster freundlich an. Er sagte:
„Du kannst das Geld gerne haben. Erst in zehn Jahren musst du es mir zurückgeben.
Gelingt es dir nicht, gehören du und deine Familie mir. Aber ich will großzügig sein.
Du musst mir den Krug nur bis zum Rand gefüllt zurückgeben. Ist das ein Geschäft?"

Der Schuster überlegte. Er war ein schlauer Kopf und er wusste, dass er sich vor dem Teufel hüten musste.
Plötzlich hatte er eine Idee. Er sagte zum Teufel:
„Das ist ein großzügiges Angebot. Aber sage mir, Teufel, ist es erlaubt, dass ich dir das Geld auch vor Ablauf der zehn Jahre zurückgebe?"
Der Teufel lachte. „Aber natürlich, lieber Schuster," antwortete er.

Da fuhr der Schuster mit der linken Hand so über den Krug, dass die Goldtaler bis zum Rand im Krug blieben.
Die Taler aber, die den Krug übervoll gemacht hatten, behielt er in der Hand.
Die rechte Hand streckte er dem Teufel zum Handschlag hin und sagte:
„Der Handel gilt, Teufel", sagte der Schuster, „und hier ist dein Geld zurück."
Und damit gab er dem Teufel den vollen Krug mit den Talern zurück.
Dieser staunte nicht schlecht. Aber der Schuster hatte klug gehandelt.
Der Teufel verschwand und der Schuster hatte von da an ein gutes Leben.

Der überlistete Teufel

Beantworte die Fragen.

Wo lebten der Schuster und seine Familie?

Warum besuchte der Teufel den Schuster in seiner Werkstatt?

Wieso hielt sich der Teufel für großzügig?

Weshalb gab sich der Schuster mit den wenigen Goldtalern zufrieden?

Welche Wörter passen zum Schuster?
Male die Felder an.

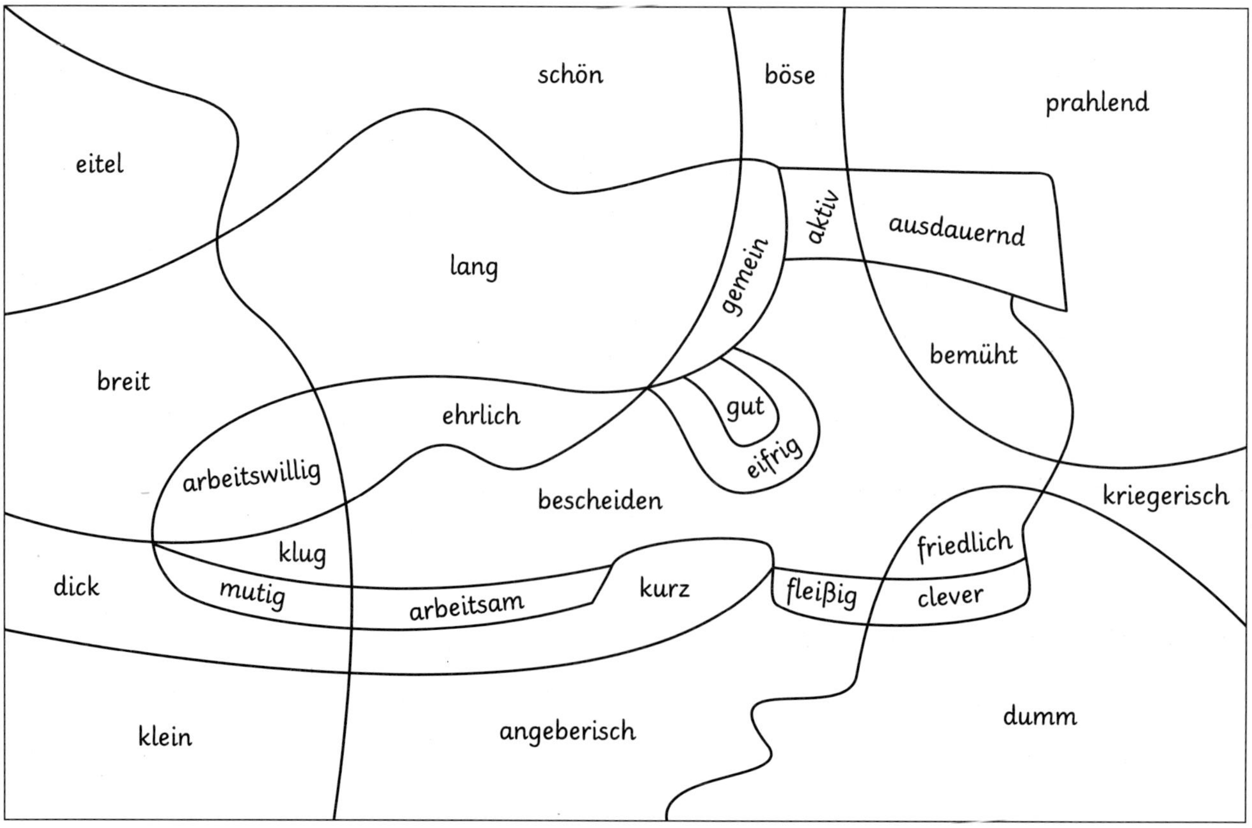

Der überlistete Teufel

Lies die Redewendungen.
Weißt du, was sie bedeuten? Verbinde.

- Hand aufs Herz!
- Ihm steht das Wasser bis zum Hals.
- Sie muss immer ihren Senf dazugeben.
- Das war echt ein Schlag ins Wasser.
- Sie hat mich in die Wüste geschickt.
- Du hältst alle Fäden in der Hand.
- Ich schmiere niemandem Honig ums Maul.
- Er setzt alles auf eine Karte.

- Das war ein Misserfolg.
- Ich schmeichle niemandem.
- Du hast über alles die Kontrolle und sagst, wo es langgeht.
- Er riskiert sehr viel.
- Er steckt in großen Schwierigkeiten.*

  * Sehr oft sind damit Geldprobleme gemeint.
- Sei ehrlich!
- Sie sagt immer ihre Meinung, auch wenn sie gar nicht gefragt wird.
- Sie hat mich weggeschickt und ich darf nicht wiederkommen.

Überlege dir, wie du den Teufel überlisten würdest.
Nutze dafür eine der Redewendungen. Schreibe eine Sage.

Till Eulenspiegel und der lesende Esel

Einmal kam Till Eulenspiegel nach Erfurt.
Dort hängte er einen Zettel auf. Auf ihm stand:
„Ich bringe jedem das Lesen und Schreiben bei."
Die Professoren der Universität lachten darüber.
Sie wollten sich einen Spaß mit Till machen.
Sie riefen ihn zu sich und gaben ihm einen Esel.
Dann sagten sie zu ihm: „Du hast gesagt,
dass du jedem das Lesen beibringen kannst.
Hier ist dein Schüler.
Du sollst für deine Arbeit sofort 100 Taler bekommen.
Du bekommst noch einmal 100 Taler, wenn er lesen kann."
Till überlegte kurz. Dann antwortete er:
„Das ist ein gutes Angebot.
Aber ich brauche bei einem Esel mehr Zeit. Gebt mir fünf Jahre.
Dann kann der Esel lesen." Die Professoren lachten und stimmten zu.

Till ging mit dem Esel in den Stall.
Er legte ein altes Buch in die Futterkrippe.
Zwischen die Seiten legte er Haferkörner.
Der Esel lernte schnell, dass zwischen den Seiten Futter lag.
Und deshalb sah es so wie Umblättern aus,
wenn er nach den Haferkörnern suchte.

Nach einer Woche lud Till die Professoren in den Stall ein.
Er wollte ihnen die Fortschritte des Esels beim Lesen zeigen.
Dieses Mal aber hatte Till keine Haferkörner zwischen die Seiten gelegt.
Der Esel hatte auch den ganzen Tag noch nichts zu fressen bekommen.
Als dann die Professoren um die Futterkrippe standen,
begann der Esel nach den Haferkörnern zwischen den Buchseiten zu suchen.
Er suchte und suchte in dem Buch, aber er fand nichts.
Deshalb rief er immer wieder „I-A, I-A!", während er die Seiten umblätterte.
Da sagte Till zu den Professoren: „Wie ihr seht,
kann das Tier schon zwei Buchstaben lesen.
In der nächsten Woche lernen wir das E und das O."
Da erkannten die Professoren, dass Till wieder einmal schlauer war als sie.

Till Eulenspiegel und der lesende Esel

Einmal kam Till Eulenspiegel von Prag nach Erfurt.
Erfurt war eine bekannte Universitätsstadt.
Um ein wenig Geld zu verdienen,
hängte Till überall in der Stadt Zettel auf.
Darauf bot er seine Dienste als Lehrer an.
Auf den Zetteln stand: „Ich bringe jedem das Lesen und Schreiben bei."
Die Professoren lachten. Nicht jeder konnte Lesen und Schreiben lernen.
Das war nur etwas für kluge Leute – so wie sie es waren.
Sie wollten sich einen Spaß mit Till Eulenspiegel machen.
Deshalb baten sie ihn zu sich und gaben ihm einen Esel.
Wenn er sagte, dass er jedem das Lesen beibringen könne,
solle er doch mit dem Esel anfangen.

Till Eulenspiegel erkannte den Trick. Aber er war schlau.
Deshalb bat er die Professoren, ihm insgesamt fünf Jahre Zeit zu geben.
Schließlich war es ein Esel und kein normaler Schüler.
Dafür würde er auch seinen Lohn in zwei Teilen haben wollen.
Der erste Teil sollte sofort gezahlt werden, der zweite Teil,
wenn der Esel lesen könne.
Die Professoren waren damit einverstanden.

Till Eulenspiegel ging daraufhin mit dem Esel in den Stall.
Er nahm ein altes Buch mit und legte es in die Futterkrippe des Esels.
Zwischen die Seiten des Buches aber legte er Haferkörner.
Das Tier lernte schnell, dass es zwischen den Seiten Futter finden konnte.
Es blätterte also scheinbar die Seiten um, wenn es danach suchte.
Das übte Till mit dem Esel ungefähr eine Woche lang.

Nach einer Woche bat Till Eulenspiegel die Professoren,
den Esel in seinem Stall zu besuchen.
Er wollte ihnen die ersten Lernfortschritte präsentieren.
An diesem Tag hatte er dem Esel nichts zu fressen gegeben.
Das Buch, das er dem Esel in die Futterkrippe legte, als die Professoren kamen,
enthielt dieses Mal keine Haferkörner.
So blätterte der Esel zwar im Buch herum, aber er konnte nichts zu fressen finden.
Laut beschwerte er sich und rief: „I-A, I-A!"
Till Eulenspiegel wiederum wandte sich an die Professoren.
„Ihr seht, werte Herren, dass das Tier bereits Fortschritte gemacht hat.
Es kann schon nach einer Woche zwei Buchstaben lesen.
In der nächsten Woche setzen wir die Arbeit mit E und O fort."

Da mussten die Professoren herzlich lachen.
Till Eulenspiegel hatte wieder einmal das letzte Wort behalten.

Till Eulenspiegel und der lesende Esel

Wer war Till Eulenspiegel? In jedem Satz steht ein Stolperwort. Findest du den Lösungssatz?

Till Till behauptet, dass er jedem das Lesen beibringen kann.

Die Professoren lachen ihn aus Eulenspiegel.

Sie war geben ihm einen Esel als Schüler.

Till legt Haferkörner zwischen ein die Buchseiten.

Der Esel sucht den Hafer Schalk zwischen den Seiten im Buch.

Dabei blättert er aus die Seiten um.

Nach einer Woche kommen die Professoren Norddeutschland vorbei.

Dieses Mal ist kein Hafer im Buch und versteckt.

Außerdem ist der Esel hungrig machte.

Er sucht nach sich dem Hafer, aber er findet nichts.

Deshalb über ruft er laut: „I-A, I-A!".

Damit zeigt Till, dass der Esel zwei Buchstaben lesen Leute kann.

Er lustig hat die klugen Professoren ausgetrickst.

Sammle Wörter, in denen ein i/I und ein a/A vorkommen. Markiere die Buchstaben in den Wörtern. Vergleiche deine Sammlung mit einem Partner.

Pirat, Lineal

Till Eulenspiegel und der lesende Esel

Wer war Till Eulenspiegel?
Lies den Steckbrief und schreibe einen kurzen Text über ihn.

Name: Till Eulenspiegel

Geburtsort: Kneitlingen (bei Braunschweig, Niedersachsen)

Geburtsjahr: um 1300

Todesjahr: um 1350

Grabstätte: Mölln (Schleswig-Holstein)

Wohnort: mal hier, mal da

Besondere Eigenschaften: lustig, klug,
nimmt vieles, was man ihm sagt, wörtlich

Darstellung in Büchern: trägt oft eine Narrenkappe,
hat als Merkmal einen Spiegel und eine Eule bei sich

Die Symbole für Till Eulenspiegel sind die Eule und der Spiegel. Die Eule gilt als weise und der Spiegel soll deutlich machen, dass er den Menschen einen Spiegel vorhält, damit sie sehen, wie sie wirklich sind.
Der Name lautet im Niederdeutschen aber auch „Ulenspegel“. „Ulen“ bedeutet hier „fegen“ oder „wischen“. Mit „spegel“ bzw. Spiegel wird von Jägern auch das Hinterteil eines Rehs bezeichnet. Der Ausruf „Ulen spegel“ kann also auch als Beschimpfung verstanden werden.

Informiere dich im Internet oder in Büchern über weitere Sagen über Till Eulenspiegel. Berichte.

Thor holt seinen Hammer

Thor ist der Donnergott. Er trägt immer einen Hammer bei sich. Mit den anderen nordischen Göttern lebt er in der Himmelsburg Asgard.
Eines Tages war Thors Hammer weg. Thor suchte überall.
Aber er konnte den Hammer nirgends in der Himmelsburg Asgard finden. Da kam Loki vorbei. Loki war auch ein Gott, von dem man aber nicht genau wusste, ob er auf der Seite der Götter stand oder auf der Seite der Riesen. Er hatte eine Idee.
Vielleicht hatten die Riesen Thors Hammer gestohlen?
Und so war es auch. Sie wollten den Hammer aber nur wieder zurückgeben, wenn der oberste Riese Thrym die Göttin Frigga heiraten durfte.
Aber das war undenkbar. Frigga war die Ehefrau von Odin, dem Göttervater.
Ohne Frigga, aber auch ohne Thors Hammer war Asgard, die Heimat der Götter, verloren.
Thor und Loki überlegten sich eine List. Thor sollte sich als Frigga verkleiden und so die Riesen täuschen und seinen Hammer von ihnen zurückholen.
Loki wollte ihm als Dienerin dabei helfen.
Der Riese Thrym freute sich sehr, als die falsche Frigga zu ihm nach Riesenheim kam. Schnell wurde ein Festessen zubereitet.
Thrym wunderte sich zwar, dass seine Braut so viel essen konnte.
Und er fand auch, dass ihre Augen für eine Braut zu sehr funkelten.
Aber Loki fand immer eine Ausrede. Die Braut hatte vorher vor Sehnsucht nichts essen können und war deshalb besonders hungrig.
Und ihre Augen funkelten, weil sie vorher vor Sehnsucht nicht schlafen konnte.
Schließlich übergab Thrym seiner Braut sein Geschenk: Thors Hammer.
Aber sobald die falsche Frigga und damit der echte Thor den Hammer in der Hand hielt, begann der Kampf.
In kurzer Zeit besiegte Thor alle Riesen mit seinem Hammer.
Währenddessen donnerte der Himmel heftig.
Thor und Loki kehrten mit dem Hammer nach Asgard in ihre Himmelsburg zurück.

Thor holt seinen Hammer

Thor ist in der nordischen Götterwelt der Donnergott.
Man erkennt ihn daran, dass er immer seinen Hammer bei sich trägt.
Eines Tages aber war der Hammer verschwunden. Thor suchte überall danach, aber er blieb verschwunden.
Da kam Loki, der listenreiche Gott vorbei.
Thor erzählte ihm von seinem Verlust. Loki lächelte schelmisch.
Dann aber bot er Thor seine Hilfe an. „Ich kann bei den Riesen nachsehen," sagte er, „vielleicht haben sie ihn dir gestohlen."
Gesagt, getan. Loki lieh sich ein Federkleid und flog damit zu den Riesen. Und tatsächlich fand er heraus, dass der Riese Thrym den Hammer gestohlen und acht Meilen tief unter der Erde vergraben hatte.
Der Riese sagte zu Loki: „Den Hammer bekommt Thor nur zurück, wenn ich Frigga zur Frau bekomme." Aber das war undenkbar.
Frigga war die Frau von Odin, dem Göttervater.
Das Reich der nordischen Götter wäre ohne Frigga verloren.
Also dachten sich die Götter eine List aus.
Thor sollte sich als Frigga verkleiden, zu den Riesen nach Riesenheim gehen und seinen Hammer selbst zurückholen.
Loki sollte in der Rolle der Dienerin mit ihm gehen.

Thor verkleidete sich also, legte auch Friggas Schmuck an und zeigte sich den Riesen voll verschleiert. So konnte Thrym den Betrug nicht erkennen.
Er freute sich sehr vielmehr sehr über seine Braut.
Ein großes Festessen wurde zubereitet. Dabei staunten Thrym und die anderen Riesen allerdings nicht schlecht, als die falsche Frigga einen ganzen Ochsen und acht Lachse aß.
Dazu trank sie auch noch drei große Krüge Bier.
Loki aber hatte eine gute Erklärung parat.
„Meine Herrin hat acht Tage lang nichts gegessen, so sehr sehnte sie sich nach dir, Thrym", sagte er. Und der Riese freute sich.
Als er voller Liebe den Schleier der falschen Frigga anhob, erschrak er allerdings vor den wild blitzenden Augen seiner Braut.
Auch hierfür hatte Loki eine gute Entschuldigung. „Meine Herrin hat acht Nächte lang nicht geschlafen, Thrym. So sehr sehnte sie sich nach dir."
Auch das hörte der Riese gern.
Und weil die Stimmung so gut war, rief er laut: „Holt mir nun Thors Hammer."
Wie sehr freute sich Thor, als man ihm seinen Hammer dann als Hochzeitsgeschenk überreichte. Sobald er ihn greifen konnte, schleuderte er ihn voller Wut gegen den Riesen Thrym. Der war auf der Stelle tot.
Jetzt war allen klar, wer die falsche Braut wirklich war.
Aber gegen Thors Hammer hatten die Riesen keine Chance.
Sie waren schnell besiegt. Der Himmel donnerte während des Kampfes heftig.
Thor und Loki kehrten kurz darauf als Sieger in ihre Himmelsburg Asgard zurück.

Thor holt seinen Hammer

Kreuze an, auf wen die Aussagen zutreffen.
Vergleiche deine Antworten mit einem Partner.

	Die Götter	Die Riesen
Sie wohnen in Asgard.		
Ihr oberster Herr heißt Thrym.		
Der Himmel donnert, wenn sie unterwegs sind.		
Sie wohnen in Riesenheim.		
Ihr oberster Herr heißt Odin.		
Sie wollen siegen.		

Wer ist wohl Thor? Kreuze an.

Begründe deine Meinung.

☐ 

☐ 

☐ 

____

____

Nur Thor selbst kann mit seinem Hammer kämpfen, bei anderen zeigt seine „Wunderwaffe“ keine Wirkung.
Wie gelingt es, dass Thor seinen Hammer zurückbekommt?

____

____

____

____

____

Kennst du andere Geschichten, in denen sich jemand verkleidet oder verstellt, damit man denkt, er sei jemand anderes?
Sprich mit einem Partner.

Thor holt seinen Hammer

Überlege, welche Erklärungen die Menschen früher für Wettererscheinungen gefunden haben könnten.

→ Für Regen:

→ Für Blitze:

→ Für Hagel:

→ Für ______________________:

Vergleiche deine Ideen mit einem Partner.

Wähle eine Idee aus und schreibe darüber eine Sage.

Das Trojanische Pferd

Der Krieg zwischen den Griechen und Troja
dauerte schon zehn Jahre.
Keiner konnte gewinnen.
Und weil im Kampf keine Entscheidung fiel,
wollten die Griechen die Stadt Troja mit
einer List erobern.

Die Griechen bauten ein großes Pferd aus
Holz. Innen war das Pferd hohl.
Soldaten konnten sich darin verstecken.
In der Nacht zogen die Griechen das Pferd
mitten auf das Schlachtfeld vor Troja.
Sie selbst versteckten sich.
Am nächsten Morgen konnten die Trojaner keine Griechen mehr sehen.
Sie waren sehr überrascht. War der Krieg endlich vorbei?
Mitten auf dem Schlachtfeld stand nur noch ein Holzpferd.
Sie hielten es für ein Geschenk für die Göttin Athene.
Die Trojaner beteten die Göttin an.
Ansonsten war niemand mehr dort.
Die Trojaner überlegten eine Weile. Dann aber zogen sie das Holzpferd in die Stadt.
Und sie feierten, dass der Krieg endlich vorbei war!
Danach schliefen alle fest.
Keiner merkte, dass die griechischen Soldaten mitten in der Nacht
aus dem Holzpferd kletterten und die Stadttore von Troja öffneten.
So konnten die griechischen Soldaten doch noch
in die Stadt kommen. Es wurde noch einmal hart gekämpft,
aber die Trojaner hatten keine Chance.
Mit ihrer List gewannen die Griechen am Ende den Krieg.

Das Trojanische Pferd

Schon zehn Jahre dauerte der Krieg zwischen den Griechen und den Trojanern.
Alle waren müde, aber keiner konnte den anderen besiegen.
Und weil im Kampf keine Entscheidung fiel, wollten die Griechen die Stadt Troja mit einer List erobern.

Sie bauten ein riesengroßes Pferd aus Holz.
Innen war es hohl, sodass sich darin Soldaten verstecken konnten.
Dieses Pferd zogen sie eines Nachts vor die Tore der Stadt.
Sie selbst verließen das Schlachtfeld.
Als die Trojaner am Morgen nach den Griechen Ausschau hielten, waren sie überrascht. Es war niemand mehr zu sehen.
Nur das riesige Pferd stand mitten auf dem Schlachtfeld.
Erst trauten sie der Stille nicht, aber dann glaubten sie doch, dass die Griechen tatsächlich aufgegeben hatten.
Sie fanden einen griechischen Soldaten beim Pferd.
Sie ahnten nicht, dass es sich dabei um einen Betrüger handelte.
Er erzählte ihnen, dass die Griechen geflohen seien.
Das Pferd hätten sie als Opfer für die Göttin Athene zurückgelassen.
Es dürfe deshalb nicht zerstört werden.
Obwohl der Priester Laokoon und die Königstochter Kassandra davor warnten, das Pferd in die Stadt zu holen, taten es die Trojaner am Ende doch.
Dann feierten sie ausgelassen, dass der Krieg endlich vorbei war!
Es wurde sehr viel gegessen und noch mehr getrunken.
Danach fielen alle in einen festen Schlaf.
So bemerkte niemand, dass die griechischen Soldaten, die sich im Inneren des Holzpferdes versteckt hatten, mitten in der Nacht herauskrochen und die Stadttore von Troja öffneten.
Innerhalb kurzer Zeit stürmten viele griechische Soldaten die Stadt.
Es wurde noch einmal hart gekämpft, aber die Trojaner hatten keine Chance.
Viele starben und die Griechen konnten den Krieg auf diese Weise doch noch für sich entscheiden.

Das Trojanische Pferd

Löse das Kreuzworträtsel.

Waagerecht →

3. Wer versteckte sich im Holzpferd?
4. Aus welchem Material war das Trojanische Pferd?
5. Zu welcher Tageszeit stellten die Griechen das Trojanische Pferd auf?
6. Was öffneten die Soldaten, nachdem sie das Pferd verlassen hatten?
8. Was bauten die Griechen, um die Trojaner zu überlisten?

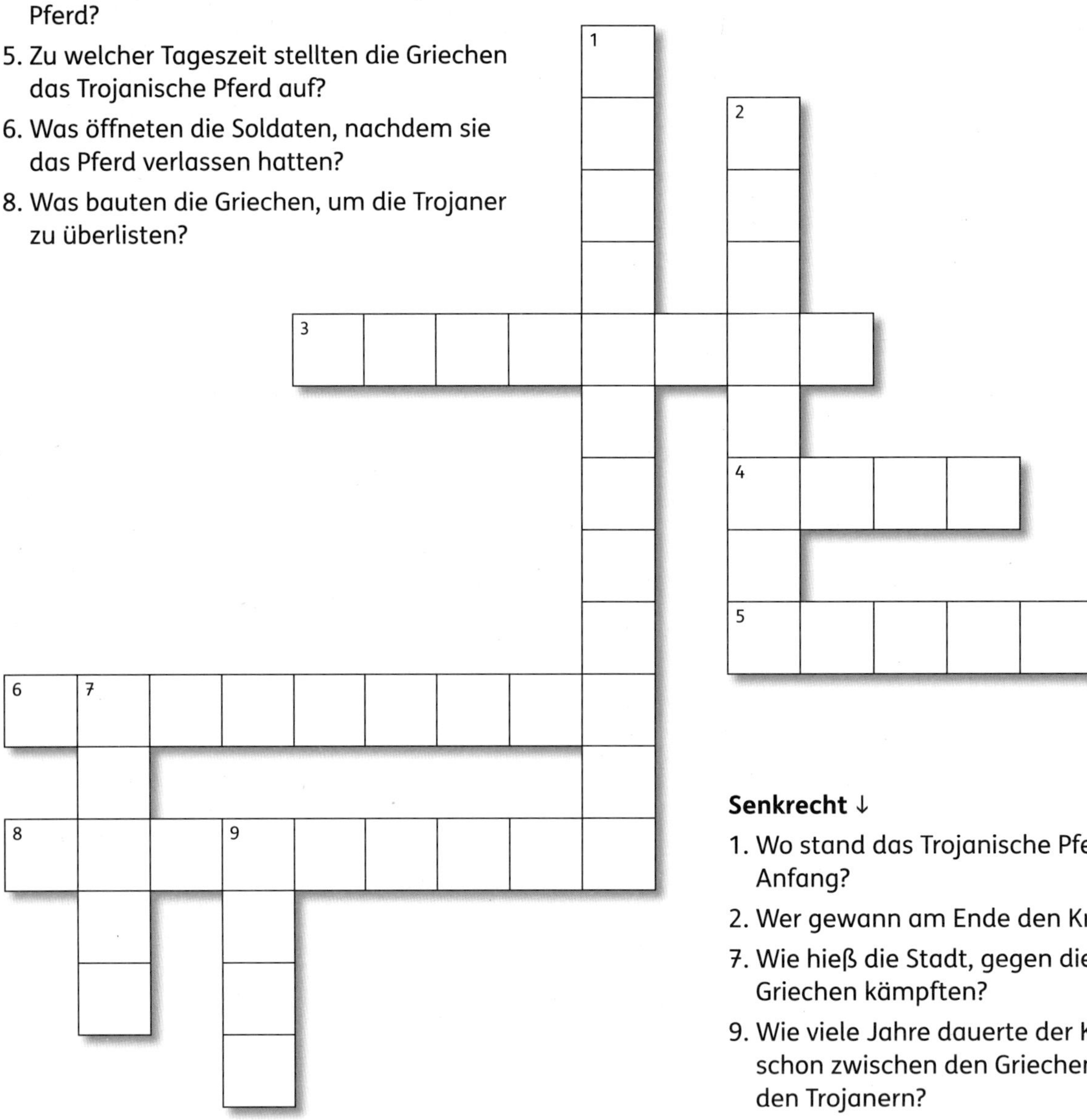

Senkrecht ↓

1. Wo stand das Trojanische Pferd am Anfang?
2. Wer gewann am Ende den Krieg?
7. Wie hieß die Stadt, gegen die die Griechen kämpften?
9. Wie viele Jahre dauerte der Krieg schon zwischen den Griechen und den Trojanern?

Als Trojaner oder Trojanisches Pferd bezeichnet man auch Computerprogramme, die sehr viel Schaden auf dem Computer anrichten können. Zuerst erscheinen sie wie ein nützliches Programm.
Sprich mit einem Partner darüber, warum dieser Name dafür gewählt wurde.

Das Trojanische Pferd

Welches Wort hat sich in diesem Bildgedicht versteckt? Schreibe es auf.

Welche Wörter hätte der Dichter auch in dem Bildgedicht verstecken können?

Busch
Busch Busch
Busch Busch Busch Busch
Busch Busch Busch Busch
Busch Busch Busch Busch
Busch Beere Busch **Busch**
Busch **Busch** Busch Busch Busch Busch
Busch Busch Busch Busch
Busch Busch Busch **Busch**
Busch Busch Busch Busch
Busch Busch Busch Busch
Busch
Busch

Gestalte hier ein eigenes Bildgedicht.

Welche Aussagen treffen auf ein Bildgedicht zu? Kreuze an.

- ☐ In einem Bildgedicht gibt es viele Reimwörter.
- ☐ Bildgedichte bestehen immer aus elf Wörtern.
- ☐ In einem Bildgedicht wird ein Wort so aufgeschrieben, dass ein Bild entsteht.
- ☐ Bei einem Bildgedicht schreibt man die Buchstaben seines Namens untereinander und sucht zu jedem Buchstaben ein Wort.
- ☐ In einem Bildgedicht wird ein Wort in einer Wörtersammlung versteckt.

Wie Europa zu seinem Namen kam

Vor etwa 3000 Jahren lebte in Phönizien
König Agenor.
Er hatte eine wunderschöne Tochter.
Sie hieß Europa.
Europa war so schön, dass alle von ihrer
Schönheit sprachen.
Außerdem war sie sehr freundlich,
klug und tierlieb.
Auch der Göttervater Zeus hörte davon
und er verliebte sich sofort in sie.
Zeus aber war mit Hera verheiratet.
Wie sollte er Europa treffen?

Zeus hatte eine Idee. Er verwandelte sich in einen Stier
und machte sich auf nach Phönizien und zu Europa.
Als Europa eines Tages mit ihren Freundinnen unterwegs war,
sah sie einen wunderschönen Stier in der Kuhherde.
Der Stier war sehr lieb. Europa streichelte ihn.
Und als der Stier sich hinlegte, setzte sie sich auf ihn.
Der Stier stand auf und ging langsam mit Europa los.
Europa gefiel das. Aber der Stier lief immer schneller von der Herde weg.
Europa bekam Angst und hielt sich an den Hörnern fest.
Sie rief um Hilfe, aber keiner konnte so schnell laufen wie der Stier.

Schließlich sprang der Stier mit Europa auf dem Rücken ins Meer.
Europa klammerte sich an ihn. Der Stier schwamm und schwamm.
Endlich erreichten sie Land. Es war die Insel Kreta. Der Stier verschwand.
Europa hatte Angst und weinte. Plötzlich aber tauchte ein Mann auf.
Es war Zeus. Er tröstete Europa.
Er sagte: „Ich bin der König dieser Insel.
Du sollst meine Königin sein."

Europa hatte immer noch Angst.
Da erschien Aphrodite, die Gӧtting der Liebe.
Auch sie tröstete Europa. Sie sagte: „Du musst keine Angst haben.
Du wirst ein gutes Leben mit Zeus haben.
Und der Erdteil, auf den du heute gekommen bist,
soll für immer deinen Namen tragen: EUROPA."

Wie Europa zu seinem Namen kam

In Phönizien herrschte vor ungefähr
3000 Jahren König Agenor.
Er hatte eine Tochter, die für ihre Schönheit
berühmt war. Außerdem galt sie als klug,
tierlieb und sehr freundlich.
Auch der Göttervater Zeus hörte von Europa
und – obwohl er mit Hera verheiratet war –
wollte er Europa kennenlernen.
Er verwandelte sich in einen Stier, um sich ihr
zu nähern. Als er sie dann sah,
verliebte er sich sofort in sie.

Europa fiel der Stier in der Kuhherde sofort auf.
Er schien sehr lieb zu sein, denn er ließ sich streicheln.
Als er sich hinlegte, sah es wie eine Einladung aus,
dass sie sich auf ihn setzen sollte. Und das machte Europa auch.
Vorsichtig stellte sich der Stier wieder auf und
ging langsam mit Europa auf seinem Rücken hin und her.
Europa gefiel ihr neues Reittier und sie lachte glücklich.
Aber dann bemerkte sie, dass der Stier immer schneller lief.
Sie klammerte sich an seine Hörner und rief um Hilfe.
Aber niemand kam.

Schließlich sprang der Stier mit Europa auf seinem Rücken ins Meer.
Immer noch klammerte sich Europa fest an das Tier.
Der Stier schwamm mit kräftigen Zügen durch das Meer.
Er schwamm lange, aber dann kamen sie doch an einen Strand.
Erschöpft ließ sich Europa auf den Sand fallen.
Als sie die Augen öffnete, war der Stier verschwunden.
Stattdessen stand ein Mann vor ihr, der sie freundlich anlächelte.
Europa hatte Angst, aber sie hörte zu, als der Mann mit ihr sprach.
Er sagte: „Hab' keine Angst, Europa. Du bist hier auf Kreta.
Ich bin der König dieser Insel und du sollst meine Königin sein."

Europa wurde etwas ruhiger, aber sie hatte immer noch Angst.
Da erschien Aphrodite, die Göttin der Liebe.
Auch sie beruhigte Europa. Sie sagte:
„Du musst keine Angst haben, Europa.
Du wirst ein gutes Leben mit Zeus haben.
Und der Erdteil, auf den du heute gekommen bist,
soll für immer deinen Namen tragen: EUROPA.
Damit wirst du unsterblich sein."

Wie Europa zu seinem Namen kam

Verbinde die Satzanfänge mit den Satzenden.

Satzanfänge	Satzenden
Europa war die Tochter	und verliebte sich in sie.
Wegen ihrer Schönheit war sie	sein Geheimnis.
Zeus, der Göttervater, hörte von ihr	lief der Stier mit ihr davon.
Er verwandelte sich in einen Stier,	gab dem Erdteil ihren Namen.
Europa gefiel der Stier	eines Königs.
Bevor sie sich versah,	bis zur Insel Kreta.
Er schwamm mit ihr	um sie kennenzulernen.
Auf der Insel erzählte er ihr	und sie setzte sich auf ihn.
Europa	überall berühmt.

Beantworte die Fragen.

Warum verliebt sich Zeus in Europa?

___

Warum vertraut Europa Zeus?

___

Warum vertraust du einer Person?

___

In Griechenland zeigt die 2-Euro-Münze einen Stier mit einer Frau auf dem Rücken. Erkläre, warum dieses Bild ausgewählt wurde.

___

___

Wie Europa zu seinem Namen kam

Lies die Erklärungen, woher die Kontinente ihre Namen haben.

Asien
Der Name leitet sich von dem Begriff „assu“ ab, was „Sonnenaufgang“ oder „Osten“ bedeutet. Die Länder im Osten, wo die Sonne aufgeht, werden deshalb auch als das Morgenland bezeichnet.

Afrika
Die Afri waren ein Volk, das in der Region von Kathargo und Utica (Nordafrika) lebte. Erst ab ungefähr dem Jahr 300 nach Christus wurde Afrika zum Namen für den gesamten Kontinent.

Australien
Der lateinische Name war „terra australis“. Übersetzt heißt das „südliches Land“.

Amerika
Der Seefahrer und Entdecker Amerigo Vespucci gab dem Kontinent seinen Namen. Während Kolumbus dachte, dass er in Indien sei, wusste Vespucci, dass er einen neuen Kontinent gefunden hatte. Allerdings wusste er nicht, dass er aus zwei Teilen besteht.

Europa
Vermutlich stammt der Name aus dem Griechischen. „Erobos“ bedeutet „dunkel“. Die Länder, wo die Sonne untergeht, werden deshalb auch als Abendland bezeichnet.

Antarktis
Der Name bedeutet nur „der Arktis gegenüber“. Die Arktis ist aber gar kein Kontinent, weil dort kein Land unter dem Eis liegt.

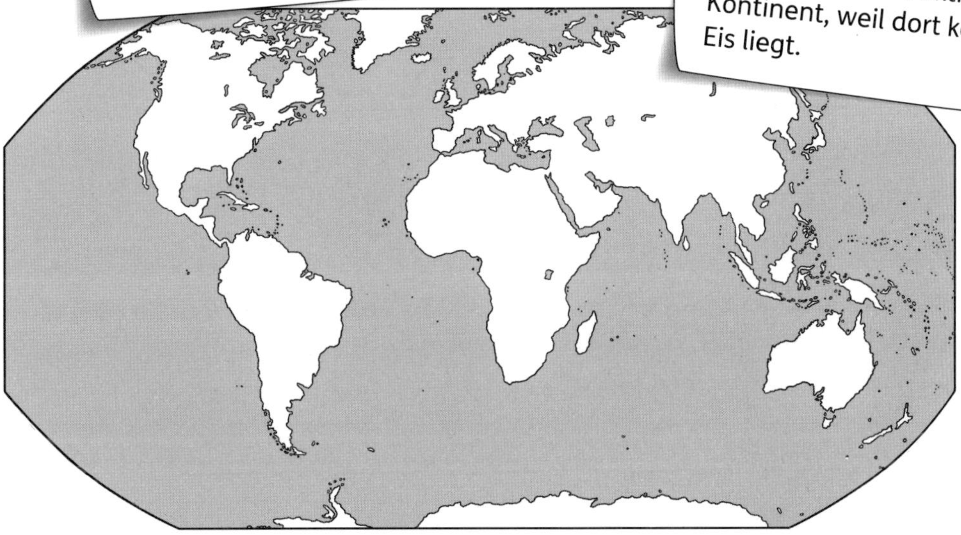

Denke dir eine Sage aus, die etwas über die Entstehung eines Kontinents erzählt. Denke daran, dass in einer Sage keine echten Erklärungen stehen.

____

____

____

____

____

____

Siegfried und der Drache

Auf der Burg zu Xanten am Rhein lebte
König Siegmund mit seiner Frau Sieglinde.
Sie hatten einen Sohn. Er hieß Siegfried.
Siegfried war sehr wild, aber auch sehr
stark und sehr klug.
Manchmal machten sich Siegmund und
Sieglinde Sorgen.
Würde er einmal ein guter Ritter werden?

Endlich war für Siegfried der Tag gekommen,
an dem er die Burg verlassen konnte.
Er war jetzt alt genug für Abenteuer.
Nach einigen Tagen kam er zu einer Schmiede.
Der Schmied hieß Mime. Siegfried hatte schon viel von ihm gehört.
Mime war nämlich der beste Schmied.
Siegfried wollte gern das Schmieden bei ihm lernen.
Mime war zuerst unsicher, denn Siegfried sah noch sehr jung aus.
Siegfried griff zum Hammer und schlug auf das Eisen.
Er schlug so fest zu, dass der Amboss in zwei Teile brach.
Da bekam Mime Angst. Er schickte Siegfried in den Wald.
Siegfried sollte dort Holzkohle holen. Im Wald aber lebte der Drache Fafnir.
Mime hoffte, dass er Siegfried fressen würde.

Siegfried ging also in den Wald. Nach kurzer Zeit traf er Fafnir.
Der Drache stürzte sich wütend auf Siegfried.
Dieser blieb ruhig, obwohl er keine Waffe dabei hatte.
Siegfried riss einen Baum aus dem Boden.
Damit schlug er dem Drachen auf den Kopf. Dieser war sofort tot.
Was sollte er jetzt tun? Da hörte Siegfried einen Vogel. Er sang:
„Siegfried, bade dich im Drachenblut,
dann bist du unverwundbar und hast immer Mut."
Siegfried zog seine Kleidung aus und badete im Blut des Drachen.
Nur an eine Stelle auf der Schulter kam kein Blut.
Darauf war ein Lindenblatt gefallen.
Siegfried war durch das Drachenblut bis auf diese eine Stelle
unverwundbar geworden. Niemand konnte ihn verletzen.

Siegfried und der Drache

Auf der Burg zu Xanten am Rhein herrschte Siegmund mit seiner Frau Sieglinde. Sie hatten einen Sohn. Er hieß Siegfried. Siegfried war ein kluger Junge. Aber er war auch sehr wild und sehr stark. Seinem Vater gefiel das sehr, denn er wünschte sich, dass Siegfried später einmal ein großer Ritter werden würde. Aber natürlich musste ein Ritter auch vernünftig sein. Deshalb machten sich Siegmund und Sieglinde manchmal Sorgen um ihren Sohn. Siegfried aber konnte es gar nicht erwarten, losziehen zu dürfen.

Endlich war es so weit. Siegfried durfte die Burg verlassen. Fröhlich machte er sich auf. Kein Fluss war zu tief, kein Berg war zu hoch, kein Wald war zu dunkel für Siegfried. Nach einigen Tagen kam er zu einer Schmiede. Als er hörte, dass diese dem berühmten Schmied Mime gehörte, freute er sich sehr. Mime aber bekam Angst, als er sah, wie stark Siegfried war. Er hatte solche Kraft, dass er den Amboss mit dem Hammer entzweischlug, als er ein Stück Eisen schmieden sollte. Deshalb beschloss Mime, Siegfried schnell wieder loszuwerden. Er schickte ihn in den Wald. Siegfried sollte dort Holzkohle holen. Im Wald aber lebte der Drache Fafnir. Sollte Siegfried ihm begegnen, hätte er kaum eine Chance. Denn der Drache war viel zu stark und würde Siegfried fressen.

Siegfried machte sich gut gelaunt auf den Weg. Kaum war er im Wald, begegnete er tatsächlich Fafnir. Der Drache stürzte sich wütend auf Siegfried. Da dieser keine Waffe bei sich hatte, riss er einen Baum aus und schlug dem Drachen damit heftig auf den Kopf. Dieser war sofort tot. Während Siegfried noch überlegte, was er jetzt tun sollte, hörte er einen Vogel. Dieser zwitscherte: „Siegfried, bade dich im Drachenblut, dann bist du unverwundbar und hast immer Mut.“ Siegfried zog schnell seine Kleidung aus und tauchte in das Drachenblut. Allerdings fiel das Blatt einer Linde auf eine seiner Schultern. An diese Stelle kam kein Blut. Es sollte später die Stelle sein, an der er seine tödliche Verwundung erhielt. Bis dahin aber konnte Siegfried in jeden Kampf ziehen und niemand konnte ihn verletzten. Siegfried war durch das Drachenblut unverwundbar geworden.

Siegfried und der Drache

Beantworte die Fragen.
Das Lösungswort sagt dir, zu welchem berühmten Text die Sage von Siegfried und dem Drachen gehört.

	richtig	falsch
Siegfried lebt mit seinen Eltern Friedrich und Frieda auf der Burg zu Xanten am Rhein.	SO	NI
Siegfried war ein kluger, aber auch ein starker und sehr wilder Junge, als er klein war.	BE	MM
Siegfried wollte sehr gern von dem Schmied Mime lernen, wie man einen Drachen mit dem Schwert tötet.	ER	LU
Siegfried sollte im Wald nach Pilzen und Beeren für das Mittagessen mit dem Drache Fafnir suchen.	FE	NG
Siegfried erschlug den Drache Fafnir mit einem Baum, weil er keine Waffe dabeihatte.	EN	ST
Siegfried lernte von einem Vogel, dass ihn ein Bad im Drachenblut unverwundbar machen würde.	LI	TA
Siegfried hatte keine Stelle am Körper, die nicht mit Drachenblut in Berührung gekommen war.	NZ	ED

Die Sage gehört zum ___ ___ ___ ___ ___ ___ ___ ___ ___ ___ ___ ___ ___ ___.

Im Mittelalter wurde bei einem Text oft von einem Lied gesprochen, auch wenn der Text nicht gesungen wurde.

Führe mit einem Partner das Gespräch zwischen Siegfried und Mime.

Überlegt euch,
- was und wie Mime spricht, damit Siegfried nicht merkt, dass er Angst vor ihm hat.
- was und wie Siegfried spricht, damit Mime ihn auf jeden Fall als Lehrling aufnimmt.

______________________ Wer spielt Siegfried?

______________________ Wer spielt Mime?

Übt euer Rollenspiel und stellt es in der Klasse vor.

Siegfried und der Drache

Was verdecken die Lindenblätter?
Schreibe die Informationen über Siegfried vollständig ab.

egfried war ein Ritter. Bis auf eine kleine Stelle auf dem Rüc
uf die ein Lindenblatt gefallen war, war er durch ein Bad
in Drache unverwundbar.
Das machte ihn zum stärksten Hel
Er besiegte alle seine Gegner, auch zwölf
Riesen und den Zwerg Alberich.
Dadurch kam er in den Besitz eines großen
Scha
Zum Schatz gehörte auch eine Tarnkappe.
Leider erzählte seine Frau Kriemhild einem Feind von de enblatt.
So konnt ried am Ende doch besiegt werden.

Informiere dich in Büchern oder im Internet über Siegfried von Xanten.
Welche Informationen findest du noch? Berichte.

Lohengrin

Herzog Gottfried von Brabant lag im Sterben. Seine Tochter Elsa sollte die Herrschaft übernehmen. Als Frau war das nicht einfach. Deshalb sollte Graf Friedrich von Telramund versprechen, dass er Elsa helfen würde. Das tat er auch.
Aber nachdem der Herzog gestorben war, brach der Graf sein Versprechen.
Er erzählte allen: „Der Herzog hat mich kurz vor seinem Tod gebeten, seine Tochter Elsa zu heiraten. Ich werde der neue Herzog von Brabant sein."
Elsa war entsetzt und verzweifelt. Sie ging zum Kaiser und bat ihn um Hilfe. Diesen Rat hatte der Vater ihr noch kurz vor seinem Tod gegeben.

Der Kaiser hörte sich an, was der Graf und Elsa sagten.
Was beide sagten, hörte sich richtig an.
Er wusste nicht, wem er glauben sollte.
Deshalb ordnete er einen Kampf an. Graf Friedrich von Telramund sollte gegen einen Vertreter von Elsa kämpfen. Aber wer sollte das sein?
Graf Telramund war ein sehr guter Kämpfer. Elsa hatte keinen Vertreter.
Da kam auf einmal ein Schwan auf dem Fluss entlang.
Er zog auf einem Schild einen schlafenden Ritter hinter sich her.
Dieser stieg an Land und bot Elsa sofort seine Hilfe an. Es war Lohengrin.
Er besiegte Graf Telramund überlegen, aber er tötete ihn nicht.

Lohengrin heiratete zur Belohnung danach Elsa.
Allerdings gab es eine Bedingung. Elsa durfte Lohengrin niemals fragen, wer seine Familie war. Elsa stimmte zu und so wurde Hochzeit gefeiert.

Elsa und Lohengrin waren glücklich. Sie hatten zwei Kinder.
Lohengrin unterstützte den Kaiser bei seinen Kämpfen.
Immer wenn er in den Kampf zog, flog ein Schwan voraus.
Deshalb wurde er auch Schwanenritter genannt.
Nach ein paar Jahren fragte Elsa Lohengrin dann aber doch, wer seine Eltern waren.
Lohengrin blieb keine Wahl. Er musste Elsa verlassen.
Sein Vater war Parsifal und er selbst gehörte zum Orden der Hüter des Heiligen Grals.
Elsa blieb mit ihren Kindern todunglücklich zurück.

Lohengrin

Herzog Gottfried von Brabant lag im Sterben.
Er hatte keinen Sohn,
deshalb sollte seine Tochter Elsa die Herrschaft übernehmen.
Kurz vor seinem Tod bat er deshalb noch einmal seinen wichtigsten Gefolgsmann Graf Friedrich von Telramund um Unterstützung für seine Tochter.
Dieser sagte seine Treue zu. Das erleichterte den Herzog sehr.
Er rief seine Tochter zu sich und segnete sie.
Außerdem gab er ihr noch den Rat,
sich bei Problemen an den Kaiser zu wenden.
Dann starb er.

Herzogin Elsa trauerte um ihren Vater. Aber sie musste auch die Herrschaft übernehmen. Deshalb ließ sie alle Gefolgsleute zu sich kommen und bat sie um dieselbe Unterstützung, die sie auch ihrem Vater gegeben hatten. Alle sagten ihr diese zu.
Nur Graf Friedrich von Telramund wollte ihr nicht dienen. Er behauptete vielmehr, dass der alte Herzog angeordnet hätte, dass Elsa ihn heiraten sollte.
Elsa war entsetzt! Wie konnte der Graf so lügen? Was sollte sie jetzt tun?
Wenn der Graf sie nicht unterstützen würde, würden die anderen dies auch nicht tun.
Schließlich erinnerte sie sich an Rat ihres Vaters.
Sie ging zum Kaiser und bat ihn ihm Hilfe.

Der Kaiser hörte sich an, was der Graf und Elsa sagten. Er wusste nicht, wem er glauben sollte. Deshalb ordnete er an, dass der Graf gegen einen Vertreter von Elsa kämpfen sollte. Darüber erschrak Elsa, denn sie hatte niemanden, der für sie kämpfen würde. Außerdem war Graf Telramund ein sehr guter Kämpfer. Wer wollte schon gegen ihn antreten? Während noch nach einem Gegner für den Grafen gesucht wurde, kam ein Schwan auf dem Fluss entlang, der auf einem Schild einen schlafenden Ritter hinter sich herzog. Dieser stieg an Land und bot sich sofort an, Elsa im Kampf zu vertreten. Es war Lohengrin.
Der Kampf war heftig, aber kurz, denn Lohengrin konnte Graf Telramund schnell besiegen. Er tötete ihn aber nicht.
So musste der Graf seine Lüge bekennen.

Als Lohn erbat sich Lohengrin, dass Elsa ihn heiratete. Das machte sie sehr gern, denn sie hatte sich sofort in den Ritter verliebt. Allerdings gab es eine Bedingung.
Elsa durfte Lohengrin niemals fragen, woher er gekommen war und wer seine Familie war. Dann müsste er sie sofort verlassen. Elsa stimmte zu und so wurde Hochzeit gefeiert.

Elsa und Lohengrin waren ein glückliches Paar. Lohengrin wurde ein Gefolgsmann des Kaisers und als Schwanenritter bekannt, denn immer, wenn er in einen Kampf zog, flog der geheimnisvolle Schwan voraus. Die Jahre vergingen und die beiden hatten zwei Kinder. Eines Tages aber passierte es doch, dass Elsa mehr über Lohengrins Vergangenheit wissen wollte. Lohengrin blieb keine Wahl. So wie er mit dem Schwan gekommen war, verschwand er jetzt auch wieder mit dem Schwan. Vorher erzählte er ihr noch, dass sein Vater Parsifal war und er zum Orden der Hüter des Heiligen Grals gehörte. Elsa blieb mit ihren Kindern todunglücklich zurück.

Lohengrin

Beantworte die Fragen.
Male die Felder mit der richtigen Zahl an.
Erkennst du das Bild?

Es ist ein ______________________.

	richtig	falsch
Graf Friedrich von Telramund lag im Sterben.	23	10
Elsa sollte die neue Herzogin von Brabant werden.	15	6
Telramund versprach dem Herzog, Elsa treu zu dienen.	7	11
Nach dem Tod des Vaters wollte Elsa den Graf sofort heiraten.	21	9
Der Kaiser glaubte Elsa, aber er glaubte auch Telramund.	3	14
Elsa sollte gegen Telramund kämpfen.	1	24
Lohengrin ritt über den Fluss auf einem Schimmel herbei.	16	8
Lohengrin besiegte Telramund, aber er tötete ihn nicht.	13	20
Nach dem Kampf mit Telramund verschwand Lohengrin sofort.	12	5
Elsa und Lohengrin lebten bis zu ihrem Tod glücklich zusammen.	18	19
Lohengrin gehörte zum Orden der Hüter des Heiligen Grals.	2	17
Elsa hatte die falsche Frage gestellt und wurde deshalb verlassen.	22	4

Lohengrin

Lohengrin wird auch der Schwanenritter genannt.
Das liegt daran, dass er bei seiner Ankunft
von einem Schwan begleitet wird.
Auch bei wichtigen Kämpfen flog ihm
ein Schwan voraus.
Viele Ritter im Mittelalter hatten ein Tier
in ihrem Wappen. Daran sollten die Leute
sofort erkennen, welche Eigenschaften
der Ritter hatte.
Der Schwan galt als Symbol für Licht und
Reinheit.

Wappen des Thomas
Graf von Rieneck, 1290

Gestalte ein Wappen für dich. Stelle es in der Klasse vor.

Adler – Ausdauer, Herrschaft
Bär – Kraft, Kampflust
Einhorn – Reinheit, Mut
Eule – klug, wachsam
Hund – treu, friedlich
Lilie – ritterlich, königlich
Löwe – Kraft, Herrschaft, Mut
Rose – Glück, Lebensfreude

Suche im Internet und in Sachbüchern nach Wappen und versuche, ihre Bedeutung herauszufinden. Berichte.

Lucia von Syracus

Am 13. Dezember feiert man an vielen Orten den Tag der heiligen Lucia. Hier liest du die Legende über sie.

Lucia lebte um 280 in der Stadt Syracus.
Das ist auf Sizilien. Ihre Eltern waren Kaufleute
und sehr reich.
Lucia war ein freundliches Mädchen.
Und sie war fromm.
Sie glaubte an Gott. Lucia wollte später
einmal Nonne werden.

Zu der Zeit war es allerdings schwer, Christ zu sein.
Christen wurden verfolgt. Lucia war noch klein
und deshalb war sie nicht in Gefahr.
Viele Christen aber mussten sich verstecken,
weil sie sonst getötet wurden.
In Lucias Wohnort versteckten sich einige der Christen
in den Katakomben der Stadt. Das sind Tunnel unter der Stadt,
die damals als Gräber genutzt wurden.
Lucia ging heimlich zu diesen Menschen und brachte ihnen
Essen und Trinken. Um möglichst viel tragen zu können,
setzte sie sich einen Kranz mit Kerzen auf den Kopf.
So konnte sie auch in der Dunkelheit sehen.

Als Lucia ungefähr fünf Jahre alt war, starb ihr Vater.
Ihre Mutter versprach sie einem anderen Kaufmann zur Frau.
Das war damals so üblich.
Lucia aber wollte auf jeden Fall Nonne werden
und auch als sie älter wurde, änderte sich nichts an diesem Wunsch.
Deshalb löste sie die Verlobung, als sie alt genug war.

Als ihr Verlobter das hörte, verriet er Lucia.
Weil sie eine Christin war, wurde sie zum Tode verurteilt.
Lucia sollte von Ochsen zu Tode geschleift werden.
Aber die Ochsen bewegten sich nicht, so sehr man sie auch antrieb.
Deshalb wurde Lucia mit dem Schwert getötet.
Dies soll am 13. Dezember 310 passiert sein.

Lucia von Syracus

Am 13. Dezember feiert man an vielen Orten den Tag der heiligen Lucia. Hier liest du die Legende über sie.

Lucia lebte um 280 in Syracus auf Sizilien.
Ihre Eltern waren reiche Kaufleute.
Lucia war ein sehr freundliches Mädchen.
Und sie war fromm.
Sie glaubte an Gott und wollte später einmal Nonne werden.

Zu der Zeit herrschten die Römer und sie duldeten keine Christen. Christen wurden verfolgt.
Lucia war noch klein und deshalb war sie nicht in Gefahr. Außerdem waren ihre Eltern keine Christen, sodass keiner bei dem kleinen Mädchen Verdacht schöpfte.
Viele Christen mussten sich verstecken, weil sie sonst getötet wurden.
In Syracus versteckten sich einige der Christen in den Katakomben der Stadt.
Das sind Gewölbekeller unter der Stadt, in denen damals Menschen beerdigt wurden.
Keiner ging dort freiwillig hin.
Lucia aber ging heimlich zu diesen Menschen in die Katakomben und brachte ihnen Essen und Trinken. Um möglichst viel tragen zu können, setzte sie sich einen Kranz mit Kerzen auf den Kopf.
So konnte sie auch in der Dunkelheit sehen.

Lucias Vater starb, als sie ungefähr fünf Jahre alt war.
Auch um ihre Zukunft zu sichern, versprach ihre Mutter sie einem anderen Kaufmann zur Frau. Das war damals so üblich.
Außerdem hielt die Mutter nichts von Lucias Idee, Nonne zu werden.
Erst nach einer schweren Krankheit wurde auch Lucias Mutter Christin.
Jetzt half sie ihrer Tochter, indem sie ihr Geld von ihrem Erbe gab, um den Christen in den Katakomben zu helfen.

Schließlich löste Lucia ihre Verlobung, als sie alt genug war.
Ihr Wunsch, Nonne zu werden, stand fest.
Als ihr Verlobter das hörte und dann auch noch erfuhr, dass Lucia ihr Erbe genutzt hatte, um den Christen in den Katakomben zu helfen, wurde er sehr böse. Er verriet Lucia und sie wurde zum Tode verurteilt.
Damals waren die Menschen sehr grausam und Lucia sollte von Ochsen zu Tode geschleift werden.
Aber die Ochsen bewegten sich nicht, sosehr man sie auch antrieb.
Deshalb wurde Lucia mit dem Schwert getötet.
Dies soll am 13. Dezember 310 geschehen sein.

Lucia von Syracus

Lies die Erklärung für eine Legende.

Merkmale einer Legende
So wie auch bei den Sagen geht es in Legenden meistens um Orte, Menschen oder besondere Ereignisse, die es wirklich gegeben hat. Im Gegensatz zum Märchen ist in einer Legende also nicht alles ausgedacht. Aber vieles wurde beim Weitererzählen im Laufe der Jahre ergänzt, neu erfunden oder mit der Fantasie vermischt. Im Gegensatz zur Sage handelt es sich in einer Legende aber meistens um eine Person, die für die (christliche) Religion eine besondere Rolle spielt, also zum Beispiel Personen, die heiliggesprochen wurden.

Lies noch einmal die Legende „Lucia von Syracus".

Was stimmt wohl in dieser Legende?

____

____

____

Was könnte vielleicht in dieser Legende wahr sein?

____

____

Was ist auf jeden Fall in der Legende erfunden?

____

____

Warum handelt es sich bei der Erzählung „Lucia von Syracus" um eine Legende und nicht um eine Sage?

____

____

Der Name Lucia leitet sich von dem lateinische Wort *lux* für Licht ab.
Lucia bedeutet also „das Licht", „die Leuchtende".
Erkläre, warum der Name so gut zu dem Mädchen aus Syracus passt.

____

____

Lucia von Syracus

Lies den Text.

<u>Das Luciafest – eine schwedische Tradition</u>
In Schweden feiert man am 13. Dezember das Luciafest.
Die älteste Tochter zieht am Morgen ein langes, weißes Kleid an.
Meist hat sie ein rotes Band als Gürtel umgebunden.
Auf dem Kopf trägt sie einen Lichterkranz.
Sie geht durch das Haus und weckt die Familie.
Dabei verteilt sie Safranbrötchen (auf Schwedisch: *lusekatter*).
Das Licht der Lucia gilt als Vorbote auf das Weihnachtslicht.

Arbeite mit einem Partner.

Wann wird das Luciafest in Schweden gefeiert?

Was isst man beim Luciafest?

Wie ist das Mädchen beim Luciafest gekleidet?

Welche Gemeinsamkeiten gibt es zwischen der Legende und dem Luciafest?

Welche Feste kennt ihr?
Schreibt einen kurzen Text über ein Fest.
Schreibt dann auch Fragen dazu, damit andere Kinder mit dem Text so arbeiten können wie ihr hier auf der Seite.

Franz von Assisi und der Wolf von Gubbio

Franz von Assisi wurde ungefähr 1180 in Assisi in Italien geboren. Er war der Sohn sehr reicher Eltern und führte ein gutes Leben. *Geld spielte keine Rolle. Als junger Mann entschied sich Franz, auf den Reichtum zu verzichten.* Er wollte lieber Gott dienen. Jesus war sein Vorbild. *Er half den Armen und Kranken. Viele junge Männer bewunderten Franz und wollten so leben wie er. Aus dieser Gemeinschaft entstand der Franziskanerorden.* Als Orden bezeichnet man eine Gruppe Mönche. Den Franziskanerorden gibt es noch heute. *Am 3. Oktober 1226 starb Franz von Assisi.* Zwei Jahre später wurde er vom Papst heiliggesprochen.

In der Nähe der Stadt Gubbio lebte ein Wolf. Er war gefährlich und alle hatten Angst vor ihm. Er tötete nämlich nicht nur Schafe, sondern griff auch Menschen an. Einmal kam Franz von Assisi nach Gubbio. Er hörte von dem Problem mit dem Wolf. Natürlich wollte er den Menschen helfen. Deshalb beschloss er, mit dem Wolf zu sprechen. Die Menschen von Gubbio hatten Angst, dass der Wolf Franz töten würde. Franz vertraute auf Gott und ging los. Sobald der Wolf Franz sah, rannte er auf Franz zu. Franz blieb ganz ruhig und hielt ihm sein Kreuz entgegen. Und der Wolf legte sich tatsächlich vor Franz hin. Franz sagte: „Bruder Wolf, du hast Hunger. Das verstehe ich. Aber die Menschen sind nicht deine Feinde. Sie werden dir Futter geben, wenn du ihnen nichts tust. Versprich mir, dass du niemanden tötest – kein Tier und keinen Menschen. Dann verspreche ich dir, dass du jeden Tag von den Menschen Futter bekommst.“ Der Wolf hörte Franz aufmerksam zu. Er nickte. Gemeinsam gingen die beiden danach durch die Stadt. Von diesem Tag an war der Wolf keine Gefahr mehr. Die Bürger von Gubbio gaben ihm jeden Tag Futter. Alle lebten friedlich zusammen, bis der Wolf eines Tages an Altersschwäche starb.

Franz von Assisi und der Wolf von Gubbio

*Franz von Assisi wurde um 1180 in Assisi in Italien geboren.
Er war der Sohn eines sehr reichen Tuchhändlers.
Sein Leben war unbeschwert.
Als Soldat geriet er in Gefangenschaft und wurde dort
sehr krank. Dadurch änderte sich seine Einstellung zum Leben.
Er wollte nicht länger reich sein, sondern lieber Gott dienen.
Jesus war sein Vorbild. Deshalb verzichtete Franz auf alles,
trennte sich von seiner Familie und lebte als Bettelmönch.
Er half den Armen und Kranken. Außerdem predigte er
von Gottes Liebe und der Schönheit der Schöpfung.
Viele junge Männer bewunderten Franz und wollten so leben
wie er. Aus dieser Gemeinschaft entstand der Franziskanerorden.
Als Orden bezeichnet man eine Gruppe Mönche.
Den Franziskanerorden gibt es noch heute.
Am 3. Oktober 1226 starb Franz von Assisi.
Zwei Jahre später wurde er vom Papst heiliggesprochen.*

In der Nähe von Gubbio lebte ein Wolf.
Alle hatten Angst vor ihm, denn er tötete nicht nur Schafe,
sondern griff auch Menschen an.
Als Franz von Assisi nach Gubbio kam, wollte er den Menschen helfen.
Aber als er ihnen sagte, dass er mit dem Wolf sprechen wollte,
hatten alle Angst, dass der Wolf ihn töten würde.
Franz aber vertraute auf Gott und ging los.
Tatsächlich wollte sich der Wolf sofort auf Franz stürzen,
als er ihn kommen sah. Franz aber hielt ihm sein Kreuz entgegen
und begann zu sprechen.
„Bruder Wolf, ich weiß, dass du Hunger hast. Aber du schadest den Menschen
und sie haben Angst vor dir. Wenn du versprichst, niemandem ein Leid zu tun,
verspreche ich dir, dass du von den Menschen immer genug Futter bekommst."
Der Wolf hatte sich beim Anblick des Kreuzes sofort vor Franz hingelegt.
Er hörte ihm offensichtlich auch genau zu.
Denn als Franz aufgehört hatte zu sprechen,
lief er wie ein Hund freundlich auf Franz zu.
Gemeinsam gingen die beiden durch die Stadt
und der Wolf tat niemandem etwas zuleide.
Von da an gaben die Bürger von Gubbio dem Wolf jeden Tag Futter.
Und alle lebten friedlich zusammen,
bis der Wolf eines Tages an Altersschwäche starb.

Franz von Assisi und der Wolf von Gubbio

In vielen Legenden wird erzählt, dass Franz von Assisi ein besonderes Verhältnis zu Tieren hatte. Man sagt auch, dass er mit Tieren sprechen konnte.

Lies die Aussprüche von Franz von Assisi. Verstehst du, was Franz von Assisi damit sagen wollte?

Sprich mit einem Partner.

Dass mir der Hund das Liebste sei,
sagst du, o Mensch, sei Sünde?
Der Hund blieb mir im Sturme treu,
der Mensch nicht mal im Winde.

Gott wünscht, dass wir den Tieren beistehen, wenn sie Hilfe bedürfen. Ein jedes Wesen in Bedrängnis hat gleiche Rechte auf Schutz.

Alle Geschöpfe der Erde fühlen wie wir,
alle Geschöpfe streben nach Glück wie wir.
Alle Geschöpfe der Erde lieben, leiden und sterben wie wir,
also sind sie uns gleichgestellte Werke des allmächtigen Schöpfers –
unsere Brüder.

Es werden mehrere Jahrtausende von Liebe nötig sein, um den Tieren ihr durch uns zugefügtes Leid heimzuzahlen.

Suche in Zeitschriften und im Internet nach Bildern, die das Zusammenleben von Menschen und Tieren zeigen.

Fertige eine Collage an.

Franz von Assisi und der Wolf von Gubbio

Was weißt du über Wölfe? Schreibe.

____

____

____

Weißt du, was diese Wörter bedeuten?
Informiere dich in Büchern oder im Internet.

Beschrifte dann die Körperteile des Wolfs und male das Bild an.

Flanke Hinterlauf Kopf Maul Pfote Rute Vorderlauf

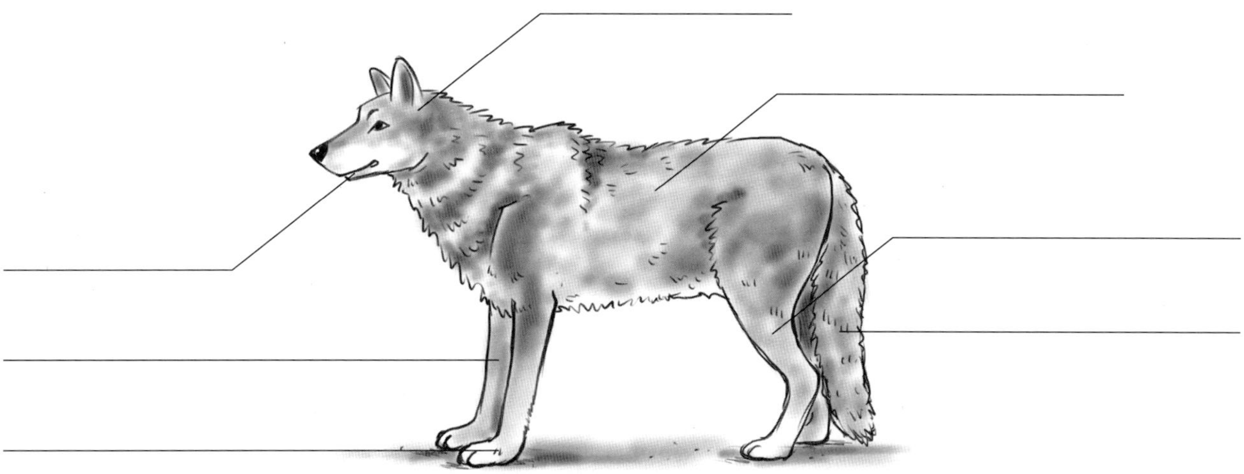

Lies den Sachtext über das Verhalten von Wölfen.
Vergleiche ihn mit der Begegnung von Franz von Assisi mit dem Wolf in der Legende.
Sprich mit einem Partner.

Es gibt viele Geschichten über Wölfe. (...) Ein Wolf fällt Menschen aber nur an, wenn er sich bedroht fühlt oder er kurz vor dem Verhungern ist. Wölfe sind eher scheu und halten sich normalerweise von Menschen fern. Es sei denn, man stört oder bedroht sie. Am gefährlichsten ist es, wenn man einer Mutter mit Jungen zu nahe kommt. Manchmal kann der Wolf auch an der Krankheit Tollwut erkrankt sein, durch die er seine Scheu vor dem Menschen verliert.
Es kann passieren, dass Wölfe sich Schafe oder Ziegen als Beute aussuchen.*

* https://klexikon.zum.de/wiki/Wölfe

Bildverzeichnis

Seite 16: Teufelsstein bei Bad Dürkheim © Stadt Bad Dürkheim

Teufelsstein bei Fischbach © Tourismusverein „Sagenhaftes Fischbach“

Seite 17: Teufelssteins in Großkönigsförde © Amt Dänischer Wohld, 24214 Gettorf

Teufelsstein Lubmin, by Erell – Own work, CC BY 3.0, https://commons.wikimedia.org/w/index.php?curid=27739416

Teufelsstein bei Friedland © Max Wilke, Stadt Friedland

Teufelsstein auf dem Kreuzberg © Elisabeth Lederer, Verwaltungsgemeinschaft Hahnbach

Seite 22/23: Hufabdruck auf der Rosstrappe © Michael Hesse

Seite 53: Wappen des Thomas Graf von Rieneck, by Johann Siebmacher – vereinzelt, bearbeitet und koloriert von Dorado – J. Siebmacher's großes und allgemeines Wappenbuch, I. Band, 1. Abteilung, 3. Teil; Wappen der deutschen Souveraine und Lande; Verfasser: G.A. Seyler; Publikation: Nürnberg: Bauer & Raspe, 1916, S. 75, Tafel 91, Public Domain, https://commons.wikimedia.org/w/index.php?curid=67882511

Seite 56: Heilige Lucia Agostino Carracci, von Agostino Carracci – [1], Gemeinfrei, https://commons.wikimedia.org/w/index.php?curid=10483736

Seite 61: Wolf © JackF Fotolia_40457704_M

Jederzeit optimal vorbereitet in den Unterricht?

»